Hoe overleef ik de brugklas?

Francine Oomen

HOE overleef ik de BRUGKLAS?

Met tekeningen van
Annet Schaap

Amsterdam · Antwerpen
Em. Querido's Uitgeverij BV
2009

Eerste druk, 2000; vijfentwintigste druk, 2009

Copyright text © 2000 by Francine Oomen
Copyright illustrations © 2000 by Annet Schaap
Niets uit deze uitgave mag worden verveelvoudigd en/of openbaar gemaakt,
in enige vorm of op welke wijze ook, zonder voorafgaande schriftelijke toestemming
van Em. Querido's Uitgeverij BV, Singel 262, 1016 AC Amsterdam.

ISBN 978 90 451 0787 5/NUR 283, 284

www.hoeoverleefik.nl
www.queridokind.nl

Jonas de Leeuw

Van:	Rosa van Dijk <rosa_vandijk@hotmail.com>
Aan:	Jonas de Leeuw <jdl@xs22.nl>
Verzonden:	1 september 06.05
Onderwerp:	brugbibbers

Ha die Jonas,

Vroege meel, hè? Jij ligt vast en zeker nog lekker te knorren in je bedje.
Ik ben zo vroeg op, omdat het vandaag mijn eerste dag in de brugklas wordt. Rosa wordt brugpieper! (Brugmug, brugkabouter, weet jij er nog meer?)
Ik vind het best eng om naar een nieuwe school te gaan. Gelukkig zitten Sascha en Lidwien bij mij in de groep. Sascha is mijn beste vriendin. Zij durft alles en je kunt hartstikke met haar lachen. Ze heeft zes ringetjes in haar linkeroor en drie in haar rechter! Cool, hè?
Ik mag er geen een tot ik zestien ben. Mama denkt zeker dat ik dan pas hersens genoeg heb om voor mezelf te denken! Belachelijk. Ze doet vaak net alsof ik nog een klein kind ben.

Ze bood zelfs aan om te helpen met boeken kaften! Alsof ik dat niet zelf kan!

Dat klopt dus, ik kan het niet. Ik ben er gisteren mee begonnen en ik heb wel zes rollen papier verprutst. Maar het zal me lukken! Ik had er alleen beter eerder aan kunnen beginnen. Als je naar de brugklas gaat, heb je wel 14 verschillende vakken, en voor elk vak een paar boeken en werkschriften en die moeten allemaal worden gekaft! (En als ze gekaft zijn, moeten ze ook nog normaal open en dicht kunnen, en dat lukte dus steeds maar niet!)

Ik zal eens opnoemen welke vakken ik allemaal heb:

Levensbeschouwing	1 uur	(Wat zou dat zijn? Hoe vindt u het leven? Wat gaat u ermee doen?)
Nederlands	4 uur	
Frans	3 uur	
Engels	3 uur	
Geschiedenis	2 uur	
Aardrijkskunde	2 uur	
Wiskunde	4 uur	
Biologie	2 uur	
Muziek	1 uur	
Tekenen	2 uur	
Handvaardigheid	1 uur	
Lichamelijke opvoeding	3 uur	(Wat een raar woord. Alsof ze me gaan opvoeden...)
Techniek	2 uur	(wat zou dat zijn?)
Studieles	1 uur	(?)

Elke les duurt 50 minuten en een pauze duurt 20 minuten. Ook de middagpauze.

En ik heb zes of zeven lessen per dag. En een keer vijf. Dat is dan tot tien voor half twee. Gek, hè, dat alles zo per uur gaat. Op de basisschool is dat heel anders. En je moet dus voor elke les naar een ander lokaal. O jee, als ik dat maar vind, want de school is kei-groot!

Even iets anders, of eigenlijk hoort het er ook bij: ik denk

dat ik puber begin te worden. Ik heb bijvoorbeeld tegenwoordig heel vaak ruzie met mama. Dat had ik vroeger niet. Meestal om niks. Ik heb gelezen dat dat bij de puberteit hoort. Ik heb dus altijd een mooi excuus. Als mama zegt: 'Roos, je bent onmogelijk vandaag!' zeg ik: 'Ja, daar kan ik ook niks aan doen, want ik ben een puber.'
Voel jij je al een beetje puberig? Vast nog niet. Volgens mij word je dat pas als je op de middelbare school zit. En jongens zijn met alles later, zegt mijn moeder. Jij bent dus nog maar een klein basisschool-guppy! Haha, geintje, niet boos worden.
Ik ben benieuwd hoe het vandaag zal zijn. Ik ben vannacht wel vier keer wakker geweest om te kijken of de wekker goed stond, omdat ik bang was me te verslapen. Op het laatst, toen was het half vijf, ben ik maar weer gaan kaften. Het zijn veel boeken, joh! Ik heb sommige bekeken en die leken me hartstikke moeilijk.
Jij bent al een week naar school, hè, in Limboland? Lekker zweten voor de Cito-toets! (Die viel trouwens hartstikke mee, je moet je niet laten opjutten door je juf.)
Ik vraag me af wat de kinderen op de middelbare school in de pauze doen. Zouden ze nog knikkeren en krokodillentikkertje spelen? Dat vond ik altijd zo leuk. Of zou dat nu opeens kinderachtig zijn?
Help, het is opeens al bijna half zeven, dadelijk kom ik nog te laat!
Doei!

Rosa Brugmug

P.S. Weet je wat? Ik zal jou survivaltips geven, voor volgend jaar. Dan hoef je tenminste niet zo zenuwappig te zijn als ik nu ben!

Survivaltip 1: Begin op tijd met boeken te kaften.
Survivaltip 2: Volg eerst een boekenkaft-cursus.
Survivaltip 3: Koop minstens 50 rollen kaftpapier.

Brugbibbers

'O, neeee!' gilt Rosa. 'Mijn eerste pukkel, precies op mijn eerste middelbareschooldag!'
Ze staat in een T-shirt en onderbroek voor de spiegel op haar kamer en bekijkt met een wanhopige blik haar neus. Precies op het puntje zit een enorme, dikke, rode joekel! Ze duwt haar neus tegen het glas aan en probeert hem uit te drukken, net zoals ze haar moeder wel eens heeft zien doen.
Maar het enige resultaat is dat het afgrijselijke ding steeds dikker en roder wordt. Rosa geeft een woedende gil. Ze pakt een haarborstel en rukt die door haar warrige bos krullen. Auuu! Ook dat nog, allemaal klitten! Van pure frustratie gooit ze het ding door de kamer en geeft ze een trap tegen haar splinternieuwe bureau. Dan laat ze zich op bed neervallen en begint hard te huilen.
'Rosa, wat maak je een herrie, het is pas half zeven! Wat ben je in 's hemelsnaam aan het uitspoken?'
Haar moeder komt slaperig de kamer binnen. Verbijsterd kijkt ze om zich heen. De hele kamer is bezaaid met rommel. Overal liggen kleren, sokken, schoenen, handdoeken en proppen kaftpapier.
Rosa komt met roodbehuilde ogen overeind. 'Ik kan niet naar school vandaag! Ik ga niet,' snikt ze.
'Kindje, ben je ziek? Wat heb je?' vraagt haar moeder geschrokken en ze gaat naast haar op bed zitten.
Rosa schudt haar hoofd. 'Ik ben niet ziek. Het is nog veel erger! Kijk!' Ze wijst naar haar neus. 'Ik zie er volkomen belachelijk uit. Een gigantische pukkel, zo kan ik me toch niet vertonen? Net op de eerste dag van mijn nieuwe school! Iedereen zal me uitlachen.'
Rosa's moeder knijpt haar ogen samen en fronst. 'Een pukkel? Waar dan?'
'Daar!' roept Rosa en ze wijst naar het puntje van haar neus. 'Zie je hem dan niet?'
Haar moeder buigt zich naar haar toe en kijkt nog eens goed. Ze

wrijft met haar vinger over Rosa's neus. Dan begint ze te lachen. 'O, dat daar, een piepklein mini-pukkeltje. Wat schattig! Een minuscuul brugmuggen-kabouterpuistje. Maak je je daar zo druk om? Dat ziet toch niemand? Daar heb je echt een vergrootglas voor nodig!'
Rosa slaat boos haar moeders hand weg. 'Nou maak je nog grapjes ook. Dat is niet om te lachen!'
Ze rent weer naar de spiegel. 'Kun je hem niet uitknijpen? Die pukkel moet weg!'
'Uitknijpen? Dan knijp ik je hele neus eraf.' Haar moeder wijst naar de spullen op de grond. 'Zeg dame, is hier een bom ontploft of zo?'
'Doe niet zo lollig, mens! Natuurlijk niet. Ik weet niet wat ik aan moet doen. Ik heb veel te weinig kleren.'
'Weinig kleren, me dunkt, ik kan hier bijna niet meer lopen. En niet zo brutaal, hoor. Ik heet geen mens, maar mama, of anders Heleen.'
'Maar waar is mijn spijkerbroek dan, die nieuwe? Ik kan hem nergens vinden!'
Rosa's moeder staat op en trekt gapend haar kamerjas strakker om zich heen. 'Die zit nog in de was. Nou, ik ga weer naar bed, hoor. En die kamer is weer netjes voordat je naar school gaat.'
'In de was?' gilt Rosa met overslaande stem. 'En ik had nog zo gezegd dat-ie schoon moest zijn vandaag!'
'Lieve schat, bedolven onder het kaftpapier en al die andere kleren die je niet hebt, zie ik daar, daar en daar een broek liggen. Allemaal schoon.'
'Maar ik moet die ene nieuwe aan! Die andere zijn stom en te kort en te klein!' Rosa duikt in haar bed en drukt haar kussen stijf over haar hoofd.
'Ik ga niet naar school,' klinkt het gesmoord. 'Jullie kunnen allemaal barsten. Ik heb helemaal niks om aan te trekken en er zit een afzichtelijke puist op mijn neus! Ik ben mismaakt en ik loop voor gek!'

Als Rosa aan komt fietsen ziet ze dat Sascha en Lidwien zoals afgesproken bij de bosjes naast de speeltuin staan te wachten. De speeltuin was vroeger hun ontmoetingsplek. Rosa grinnikt. Op de basisschool hadden ze een clubje. Ze spraken altijd af op hun geheime plek: een hut die ze in de bosjes gebouwd hadden, helemaal onzichtbaar vanuit de speeltuin. Dat was hun clubhuis. Clubhuis Kletskoek stond er op een zelfgeschilderd bord dat ze boven de ingang van de hut gespijkerd hadden. Ze hadden ook een wachtwoord, dat elke dag veranderde. Om de beurt mochten ze er een verzinnen: heel gekke, moeilijke wachtwoorden, waar ze zich de hele tijd in vergisten. Hoe langer het woord was, hoe beter. Rosa weet er nog een paar. Een keer was het breedbekblotebollebillenboerenkikker. Of was het nu blotebollebillenboerenbreedbekkikker? Soms mochten er ook andere meisjes komen, maar alleen als ze iets lekkers meebrachten en het wachtwoord wisten. Dan zaten ze uren te kletsen en vader-en-moedertje te spelen met hun poppen en knuffels. Ook als het regende, want het dak was waterdicht en er lagen een paar oude dekens. Rosa voelt zich een beetje verdrietig als ze daaraan terugdenkt. Het lijkt net alsof er nu een hoofdstuk is afgesloten, een plek en een tijd waar ze niet meer naar terug kan. Nu is ze te groot om in de hut te zitten. Dingen die toen hartstikke leuk waren, zijn nu opeens kinderachtig. Wie heeft dat eigenlijk zo beslist? Op de basisschool waren ze de grootsten. Maar op de nieuwe school zijn ze weer de kleintjes. Pubers, brugpiepers. Verwarrend is het, vindt Rosa. Niet echt groot, maar ook niet meer klein. Ertussenin.

'Sorry dat ik zo laat ben!' roept Rosa van een afstand. Ze stapt af en wrijft onzeker over haar neus. Mama heeft een of ander bruin zalfje op de pukkel gesmeerd en haar verzekerd dat hij totaal onzichtbaar is. 'Zien jullie iets aan mij?'
Haar vriendinnen bekijken haar nieuwsgierig.
'Ik zie niks, hoor,' zegt Lidwien. 'Heb je iets nieuws aan?'
Rosa schudt haar hoofd.
Sascha bekijkt haar kritisch. 'Mmmm, ben je dikker geworden? Is dat het?'
Geschrokken trekt Rosa haar buik in. 'Nee, hoe kom je erbij? Mijn broek zit gewoon strak omdat hij net uit de was komt!'
Pfff, dikker, denkt Rosa. Die Sascha weet altijd wel wat op te merken. Maar gelukkig valt de pukkel inderdaad niet op. Als zij

het niet ziet, ziet niemand het. Sascha kan zo genadeloos iemand uitlachen of voor gek zetten, niets ontgaat haar scherpe blik.
'Wat is het dan?' vraagt Lidwien.
'Niks. Ik ben vandaag een spiksplinternieuwe brugmug en ik vroeg me af of je dat aan me kon zien,' grapt Rosa.
'Ik heb wel wat nieuws,' zegt Sascha en ze steekt trots een voet in de lucht.
'Wauw, gaaf Sas!' Rosa bekijkt bewonderend de zwarte gympen met de enorme plateauzolen van haar vriendin.
'Negen centimeter. Ik heb het nagemeten! Goed, hè?'
'Pas maar op dat je er niet af valt,' zegt Lidwien. 'Ik heb gehoord van een meisje die erop zwikte, haar nek brak en toen in een rolstoel terechtkwam.'
'Jij kan ook overdrijven, zeg,' antwoordt Sascha. 'Je bent gewoon jaloers omdat jij altijd neppo-dingen aanhebt. Jij loopt hartstikke voor gek met die goedkope gympen. En moet je die broek zien. Helemaal geen merk!'
Lidwiens gezicht betrekt en ze kijkt gauw de andere kant op.
Rosa ziet het. Gemeen van Sascha om dat te zeggen. Ze weet dat Lidwien er niks aan kan doen dat ze nooit merkkleren aanheeft. Lidwiens vader en moeder hebben allebei geen werk. Ze heeft drie zussen en twee broers en zij is de jongste, dus ze krijgt bijna altijd afdankertjes. Maar Rosa durft niet voor Lidwien op te komen. Als ze het waagt commentaar te hebben krijgt ze de wind van voren van Sascha. En op de eerste dag op de nieuwe school wil ze geen ruzie. Dadelijk staat ze daar helemaal alleen op het schoolplein.
'Zeg, laten we nou eens gaan,' zegt ze dus maar. 'Ik wil niet te laat komen.'

Rosa gaat naast Sascha fietsen. Ze moet nog erg wennen aan het drukke verkeer. Haar oude school was om de hoek, dat kon ze lopen. Nu moeten ze bijna een halfuur door de stad fietsen. Ook gek eigenlijk: vroeger mocht ze nooit in haar eentje naar de stad. Nu kan ze doen wat ze wil. Spannend!
'Hé, kijk, een McDonald's! Zullen we daar na school heen gaan?' vraagt Sascha, alsof ze Rosa's gedachten leest.
'Tof idee!' zegt Rosa met glinsterende ogen. Dan betrekt haar

gezicht. 'Maar ik heb geen geld bij me. Jij wel?'
Sascha knikt. 'Ik heb vanmorgen vijf euro gekregen van de vriend van mijn moeder.'
Rosa kijkt haar verbaasd aan. 'Je hebt toch altijd ruzie met die vent?'
Sascha haalt haar schouders op. 'Vandaag niet dus.'
'Mag ik ook mee?' vraagt Lidwien, die achter hen rijdt.
'Ja, als jij trakteert!' roept Sascha.

Ze zijn er nu bijna. De zenuwen kriebelen weer in Rosa's buik. Ze werpt een blik op haar vriendin, die er stoer uitziet met haar afgewassen spijkerjasje, haar korte donkere haar en haar brutale blauwe ogen. Sascha is voor niks en niemand bang, daarom vindt Rosa het ook zo fijn om haar vriendin te zijn.
'Heb jij zin?' vraagt ze.
Sascha haalt haar schouders op. 'Best wel, ik had het wel gezien op die stomme basisschool.'
'Ja, juf Irma zal jou niet bepaald missen, denk ik. Maar vind je het niet eng om naar de middelbare school te gaan?'
'Eng? Tuurlijk niet, waarom? Ik heb wel genoeg van dat kleinekindergedoe. Ik wil groot zijn en voor mezelf zorgen!'
'Ben je dan niet zenuwappig?'
'Nee, absoluut niet! Jij wel dan?'
'Nee, hoor! Hoe kom je erbij?!' antwoordt Rosa stoer.
'Waar hebben jullie het over? Ik kan het de hele tijd net niet verstaan,' roept Lidwien klagelijk en ze probeert naast hen te komen rijden.
'Over school,' zegt Sascha. 'Mens, doe niet zo gevaarlijk, ga eens naar achteren, dadelijk worden we gesplettereerd door een auto!'
Lidwien gaat meteen gehoorzaam achter hen rijden.
'Mijn zus zit in de vierde,' roept Lidwien. 'Het schijnt wel dat brugpiepers in het begin flink gepest worden. Anneke zei dat je gewoon een grote mond terug moest geven, dan houden ze zo op.'
'Puh! Niemand durft mij te pesten!' zegt Sascha.
Rosa kijkt op haar horloge en schrikt. 'Het is al vijf voor half negen! Trappen!'

Danny en Esther

Als ze hun fietsen haastig in de stalling hebben gezet is het schoolplein al bijna leeg. De laatste kinderen haasten zich naar binnen.
De fietsenstalling is veel groter dan op de basisschool. Rosa kijkt met verbazing naar het aantal fietsen. Het lijken er wel duizend! Sommige zijn in vrolijke kleuren opgeschilderd en er staan ook een heleboel brommers. Dat is nog eens wat anders dan die kleine crossfietsjes van de basisschool. Als ze de hare straks nog maar terugvindt!
'We moesten naar het brugklasgebouw, maar welke ingang is dat?' vraagt Rosa ongerust. 'Ik zie er zo al drie.'
Vol ontzag kijkt ze naar het reusachtige, oude gebouw. Links van het plein is een kleiner gebouw, dat door een luchtbrug met het hoofdgebouw is verbonden en rechts is ook nog een gebouw. Het schoolplein is groot, met in het midden een enorme boom met een bank rondom.
'Doe niet zo paniekerig, mens. Dan zijn we toch te laat, wat maakt dat nou uit? Hé, moet je die halvegare daar zien!' Sascha stoot Rosa aan en wijst naar een meisje met bruine krullen tot op haar schouders en een bril met dikke jampotglazen. Ze rent van het hoofdgebouw naar het gebouw links op het schoolplein.
'Die kleren,' gniffelt Lidwien. 'Ze lijkt wel een vogelverschrikker!'
Het meisje heeft een wijde broek aan, van aan elkaar genaaide felgekleurde lappen, met een al even felgekleurd hesje erbij dat een grote capuchon heeft met een kwast. Aan haar voeten draagt ze felroze teenslippers.
'Belachelijk, die loopt straal voor gek! Wat een aanstelster, ze wil zeker opvallen,' zegt Sascha schamper.
Het meisje ziet hen staan en stopt.
'Hé daar! Jullie zijn zeker ook brugmuggen, hè?' roept ze met een hoge stem. Ze wijst naar het gebouw. 'Daar moeten we zijn!' Dan rent ze er gauw naar binnen.
'Hoe kan zij nou weten dat wij brugmuggen zijn?' vraagt Sascha

beledigd. 'Dat kun je toch zeker niet zien? Iedereen zegt altijd dat ik wel vijftien lijk!'
Rosa bekijkt haar vriendin. Sascha lijkt inderdaad veel ouder. Ze is bijna een kop groter dan Lidwien en zij, zeker met die plateauzolen, en ze draagt ook al een beha.
'Voorwaarts mars, brugmuggetjes!' roept Sascha aanstellerig, de stem van het meisje nabauwend. En met een mal huppelloopje rent ze naar de ingang van het brugklasgebouw.

De kersverse groep 1b zit in een kring. De stoelen stonden al klaar toen ze de klas binnenkwamen en de tafeltjes zijn aan de kant geschoven. Gelukkig was het goed aangegeven waar ze moesten zijn. Overal in de gangen hingen briefjes met pijltjes. De leraar is er nog niet en de kinderen schuifelen onrustig heen en weer. Rosa zit veilig tussen Lidwien en Sascha in.
Nieuwsgierig bekijkt ze de andere kinderen. Zouden er leuke bij zitten? De meeste jongens zijn nog echt ukkies, met beugels en met gel in hun haar. Recht tegenover Rosa zit het meisje dat ze op het plein zagen. Ze lacht verlegen naar haar. Rosa bloost en doet net alsof ze het niet ziet. Ze draait zich naar Sascha toe en fluistert: 'Hé Sas, kijk, dat kind van daarnet zit bij ons in de klas.'
Sascha steekt haar tong naar het meisje uit.
'Waarom doe je dat nou?' vraagt Rosa. 'Ze deed toch aardig?'
Sas geeft haar een por in haar zij. 'Je bent een watje, Roos. Het is een belachelijk type. Maf kind. Als ze maar niet denkt dat ze met ons kan aanpappen. Wow, moet je die kanjer daar zien!'
Ze giechelt en knikt naar een jongen die links naast hen zit. De jongen heeft kortgeknipt haar, dat spierwit geverfd is, donkere ogen en een ringetje door zijn wenkbrauw. Hij kauwt kauwgum met open mond en zit onderuitgezakt op zijn stoel met de handen in zijn zakken en zijn benen wijd uit elkaar.
'Hou toch op, jongensgek!' sist Rosa lachend en ze geeft haar vriendin een duw terug.
Die maffe Sas, altijd zit ze achter de jongens aan. Ze heeft er al minstens zeven versleten op de basisschool. Sascha zegt dat ze al tongt. Bah, het idee alleen al, iemand anders zijn tong in je mond! Wie weet wat zo'n jongen net gegeten heeft, of wanneer hij voor het laatst zijn tanden heeft gepoetst. Rosa moet er niet

aan denken. Ze heeft wel een vriendje, maar dat is anders. En ze past wel op iets over hem tegen Sas en Lidwien te zeggen, anders gaan ze haar ermee pesten en haar uithoren. Bovendien ziet ze Jonas alleen maar zo nu en dan tijdens de vakanties omdat hij in Limburg woont. Ze e-mailen elkaar wel bijna elke dag en vertellen elkaar alles. Vrienden zijn is veel leuker dan verliefd zijn. En het duurt meestal ook langer!

Waar blijft die leraar nou? Rosa kijkt het lokaal rond. Aan de muren hangen posters van dieren en planten en achterin staat een oude houten kast met grote glazen potten met vreemde dingen erin. Naast het schoolbord staat een skelet met een zwarte hoed op. De linkerhand ervan ontbreekt.
Het is allemaal heel anders dan op de basisschool. Wat voor een vak zou hier gegeven worden? Biologie waarschijnlijk.
Plotseling staat er een man voor het bord. Rosa heeft hem niet binnen zien komen. Hij is lang en mager en een jaar of vijftig oud, schat ze. Hij heeft een vriendelijk gezicht met een lange neus en ronde blauwe ogen. Een rode wollen sjaal is zwierig over zijn schouder geslagen. De kinderen zijn meteen stil en kijken hem verwachtingsvol aan.
'Goedemorgen klas 1b! Mijn naam is Ritsema. Arie Ritsema. Ik ben dit jaar jullie biologieleraar en jullie klassenmentor.' Hij draait zich om en begint met grote hanenpoten zijn naam op het bord te schrijven.
Sascha stoot Rosa aan en tikt met een brede grijns op haar hoofd. Rosa ziet wat ze bedoelt en grinnikt. De leraar is boven op zijn hoofd bijna kaal, maar om dat te verdoezelen heeft hij het haar van de zijkant eroverheen gekamd.
'Pritt-sema zal hij bedoelen. Een beetje plaksel doet wonderen voor zo'n kapsel,' fluistert Sascha in Rosa's oor. Rosa barst in zenuwachtig gegiechel uit. Sascha kijkt met een stalen gezicht recht voor zich uit. Ritsema draait zich om en strijkt over zijn sprieterige haar, alsof hij weet waarover het gaat. Hij kijkt Rosa vragend aan. 'Wat een pret, zo vroeg op de morgen. Wil je het grapje met ons delen, jongedame?'
Alle kinderen draaien zich naar Rosa toe en ze krijgt een kleur als een biet. O, ze haat het als iedereen naar haar kijkt.

'Niks. Het was niks,' mompelt ze. Ze wrijft over haar neus en probeert haar lachen in te houden. Dat ellendige gegiechel, ze kan er niet meer mee ophouden. Dat gebeurt altijd als ze zenuwachtig is.
'Je moet hem geen hand geven, anders plak je vast. Zit je vol met Pritt,' hoort ze Sascha mompelen.
Een nieuwe lachgolf borrelt in Rosa's buik omhoog. Haar probleem is dat ze altijd alles meteen ook voor zich ziet.
'Wat is een klassenmentor, meester?' vraagt het meisje in de rare kleren.
Rosa haalt opgelucht adem. Gelukkig, de kinderen kijken niet meer. Dat is aardig van haar, om de aandacht af te leiden.
'Dat ging ik jullie net vertellen. Zoals jullie weten, zijn er een hoop zaken op de middelbare school anders dan op de basisschool. Een ervan is dat jullie voor elk vak een andere leraar hebben en dat jullie voor elk vak naar een ander lokaal moeten. Een klassenmentor is iemand bij wie je terecht kunt met vragen of problemen. Verder zitten jullie bij alle klassenfeestjes, uitstapjes en evenementen met mij opgescheept. En meisje... wat is je naam?'
'Esther Jacobs, meester.'
'Meisje Jacobs, op de middelbare school zeggen de kinderen geen "meester" meer. Zeg maar gewoon "meneer".'
Esther lacht verlegen en knikt.
'Het lijkt me handig als we ons eerst aan elkaar voorstellen,' zegt Ritsema. 'Iedereen vertelt in het kort iets over zichzelf en zegt zijn naam. Daarna deel ik jullie in groepjes van vier en gaan we een speurtocht door de school doen, zodat jullie morgen niet verdwalen. Jullie hebben allemaal vorige week je boeken opgehaald en gekaft, hè?'
Alle kinderen knikken. 'Goed, die neem je morgen mee. Morgen beginnen we pas echt. Vandaag is nog een vakantiedagje.'
'Heb jij ze gekaft?' fluistert Sascha.
Rosa knikt. 'Het was een pestwerk, joh! Het lukte voor geen meter. Ik kreeg ze steeds niet dichtgevouwen als het papier eromheen zat.'
'Uitslover! Ik heb het gewoon niet gedaan. Mijn broers doen het ook niet. Alleen domme brugpielewielertjes doen dat braaf.'
Ritsema gaat op een tafel zitten, vouwt zijn lange dunne benen

over elkaar en slaat zijn sjaal naar achteren.
'Hij lijkt wel een geraamte,' sist Sascha naar Rosa. 'Dat skelet daar met die hoed is vast zijn broer.'
Rosa onderdrukt een nieuwe giechelaanval. Ritsema kijkt naar haar en trekt een wenkbrauw op. Al zijn geplakte haren schuiven mee omhoog. Dat is zo'n gek gezicht dat ze nog harder moet proesten. Ritsema schraapt zijn keel.
'Nou, ik zal het kennismakingsrondje beginnen. Mijn naam kennen jullie al. In de klas heb ik één regel. Hard werken wordt beloond. Slecht werk wordt bestraft. Jullie zullen wel merken hoe.'
Lidwien gebaart naar de kast met potten achter in de klas. 'Heb je gezien wat daar allemaal in zit?' fluistert ze. 'Als je slechte punten haalt, stopt hij je in stukjes in een weckfles!'
Rosa probeert krampachtig een nieuwe giechelbui te smoren.
Ritsema trekt nu zijn andere wenkbrauw op en gaat verder.
'Mijn hobby's zijn koken en literatuur. Met name griezelverhalen. Verder verzamel ik dingetjes op sterk water, achter glas. Nee, geen erwten en worteltjes...' Hij stopt even om te kijken of de klas lacht. 'Geen groenten van Hak, nee, nee, serieuze dingen, waar je veel van kunt leren. Ik ben heel trots op mijn verzameling. Jullie kunnen die daar bewonderen.'
De klas draait zich om, om naar de oude houten kast met glazen potten te kijken. Iedereen begint door elkaar heen te praten. Als Rosa de potten goed bekijkt, ziet ze dat er wel heel rare dingen in zitten. Bepaald geen erwten en wortelen. In een pot drijft een dode muis, in een andere iets dat wel op een klomp hersens lijkt en in weer een andere ziet ze een afgesneden oor zweven.
'Getverderrie, moet je dat daar zien!' roept een meisje. 'In die pot zit een opengesneden hand! Van een dooie! Jasses! Is die echt, meneer?'
'Stilte, stilte!' roept Ritsema. Hij kan maar met moeite over het geschreeuw van de kinderen heen komen. 'Die is helemaal echt. Ik zal jullie maar niet vertellen hoe ik daaraan ben gekomen, maar het heeft met mijn schoonmoeder te maken.'
'Haha, lachen zeg! Wat een grapjurk!' zegt Sascha net iets te hard.
Rosa ziet dat de leraar rood wordt. Hij staat op en klapt in zijn

handen om de klas weer tot bedaren te brengen. 'We doen nu de kennismakingsronde. Esther mag beginnen!'
Esther friemelt aan de kwast van haar capuchon.
'Mijn naam is dus Esther Jacobs. Ik ben twaalf jaar, ennuh, mijn hobby's zijn tekenen en lezen en vioolspelen. Ik houd van klassieke muziek en mijn lievelingskleur is blauw. Ik heb geen zusjes of broers... nou, dat was het.'
'Goed Esther, dank je wel. En nou mag jij het volgende slachtoffer aanwijzen.'
Esther kijkt de kring rond en haar blik blijft op Rosa rusten.
'Nu jij,' zegt ze verlegen.
Sascha geeft Rosa een duw.
'Wat een slijmbal!' sist ze in haar oor.
Rosa bloost.
'Ik... ik ben Rosa van Dijk en ik ben dertien jaar. Mijn hobby's zijn schrijven en computeren en lezen en... en vakantie. Ik heb geen broers of zussen. Mijn lievelingseten is spaghetti en ik ben vegetariër.'
Rosa geeft Sascha een duw terug. 'En nu is zij.'
Sascha kijkt verveeld.
'Ik ben Sascha Jansen, ik ben dertien en een half. Mijn hobby's zijn tv-kijken, deadmetal-muziek en kleren kopen. En mijn lievelingseten is chips,' ratelt ze met toonloze stem.
Ze stoot de jongen naast haar aan en geeft hem een knipoog. 'Jouw beurt.'
De jongen krabt in zijn stekeltjeshaar en zakt nog wat dieper onderuit.
'Nou, ik heet Danny de Koning. Ik ben een fan van frikadellen en Feyenoord. En ik speel drums en dat vindt me moeder niet leuk.'

Een halfuur later staan Rosa, Sascha, Danny en Esther op de gang.
'Cool dat wij samen in een groepje zitten!' zegt Esther.
Sascha rolt met haar ogen. 'Nou, gewéldig, meid!'
Rosa kijkt gauw de andere kant op. Soms schaamt ze zich echt voor Sas. Ze zwaait naar Lidwien, die met een verongelijkt gezicht met drie andere kinderen de gang uitloopt.

Ze hebben allemaal een briefje met vragen en een plattegrond gekregen.

'Een speurtocht, wat belachelijk kinderachtig,' zegt Danny met zware stem en hij haalt met een rochelend geluid zijn neus op. Sascha knikt bevestigend en strijkt haar haar naar achteren zodat haar oorbelletjes goed opvallen. 'Dat vind ik nou ook,' zegt ze. 'Een speurtocht is voor kleuters.'

Rosa bekijkt de jongen verbaasd. Waarom nou kinderachtig? Ze vond het juist zo'n goed idee om de school beter te leren kennen. Het gebouw is hartstikke groot en ze is doodsbenauwd dat ze de weg zal kwijtraken als ze van het ene naar het andere lokaal moet en dan te laat in de les komt.

Danny steekt minstens een kop boven hen uit. Om zijn pols heeft hij een brede leren band met ijzeren punten en zijn donkere ogen nemen de meisjes een voor een schattend op. Rosa trekt haar buik in en wrijft over haar neus. Zou hij gegroeid zijn? Dadelijk even kijken op de wc. Als ze die kan vinden tenminste.

'Zo, dus jouw hobby's zijn vioolspelen en lezen,' zegt Sascha en ze bekijkt Esther van top tot teen. 'Spannend, hoor!'

Esther knikt glunderend. Ze heeft aardige ogen achter haar dikke bril, ziet Rosa. Misschien kan ze wel vrienden worden met haar. Als Sascha dat ook wil tenminste. Maar daar lijkt het niet erg op.

'En kleren naaien doe je ook graag zeker?' vraagt Sascha verder.

Esther schudt van nee en bloost.

'Vind je ze leuk?' vraagt ze verlegen en ze strijkt over het kleurige fluweel van haar hesje. 'Mijn moeder ontwerpt kleding en ze naait alles zelf. Dit heeft ze ook gemaakt.'

Sascha lacht gemeen. 'Leuk? Kind, dat is het woord niet. Ik vind ze fan-tas-tisch!'

Rosa voelt dat haar maag samentrekt. Ze kent deze gezichtsuitdrukking van haar vriendin maar al te goed. O nee Sas, denkt ze, hou je mond dicht. Niet doen. Rosa schuifelt met haar voeten en doet net alsof ze ijverig de plattegrond bestudeert.

Sascha stoot Danny aan en geeft hem een knipoog. 'Vind je ze ook niet geweldig, Danny? Maar dan wel geweldig belachelijk!'

Rosa ziet dat Esther bleek wordt.

Sascha pakt de kwast van haar capuchon en geeft er een ruk aan.

'Sorry meid, ik zeg het meteen maar recht in je gezicht, voor je

eigen bestwil. Je loopt voor gek! Je ziet er bezopen uit in dat malle apenpakkie. Het lijkt wel carnaval! Volgens mij is het verstandig als je morgen niet meer verkleed komt, anders word je het lachertje van de hele school!'
Danny grinnikt en blaast een grote kauwgumbel.
Esther wordt rood, maar slaat haar ogen niet neer. Ze plant haar handen in haar zij en zegt met hoge stem: 'Ik vind mijn kleren toevallig mooi! Ik vind het hartstikke knap dat mijn moeder dat kan. Het kan me niks schelen wat jij ervan vindt. Ik vind wat jullie aanhebben maar saai. Jullie dragen allemaal hetzelfde!'
Danny fronst zijn zware wenkbrauwen. 'Wat een praatjes, Jampotje!' Dreigend zet hij een stap naar voren. 'We gaan niet op de beledigende toer, zeg! Anders wil ik best even dat brilletje van je verbouwen, hoor.'
'Hoezo? Jullie begonnen! Wat maakt het uit wat ik aanheb? Dat mag iedereen toch zelf weten!' Esther doet een stap achteruit en kijkt Danny en Sascha met felle ogen aan.
Rosa kucht. 'De anderen zijn allang begonnen. Zullen wij ook maar eens gaan?'

De brugmuggenvreter

'Waar ga je nou naartoe, Sas?' vraagt Rosa ongerust. 'Volgens mij zijn we hartstikke verdwaald!'
'Helemaal niet. Ik weet precies wat ik doe. We snijden zo gewoon een stukje af, dan zijn wij lekker als eersten bij het scheikundelokaal,' antwoordt Sascha nukkig.
Rosa probeert op de plattegrond uit te puzzelen waar ze zijn, maar ze is haar gevoel voor richting totaal kwijt. En in dit gedeelte van de school komen ze helemaal geen andere groepjes brugklassers meer tegen.
Met ontzag kijkt ze naar de hoge plafonds en de ramen met glas in lood. Deze school is zoveel groter dan de basisschool. En vooral ook ouder. Vroeger is het een klooster geweest. Rosa kan zich goed voorstellen hoe hier ooit monniken in grijze jurken hebben rondgeschuifeld. Als je hard praat, galmt het hol door de gangen.
'We hadden daarnet linksaf gemoeten,' mompelt Esther terwijl ze een grote brede trap opklimmen. Ze wijst op haar eigen plattegrond. 'Kijk maar, dit is verdieping 2 en hier is lokaal 205. We moeten lager zijn.'
Sascha hoort het en draait zich om. 'Koop eerst maar eens een nieuwe bril, Jampotje, dan zie je misschien wat. Het is onmogelijk een plattegrond te lezen als je zo scheel bent als jij. Laat dat nou maar aan mij over.'
Rosa en Esther lopen mopperend Sascha en Danny achterna, een lange gang door, linksaf, rechtsaf... dan staan ze voor nog een trap, steiler en smaller dan de vorige.
Rosa begint zich nu echt ongerust te maken. 'Sas, ik ga terug, hoor. Je zoekt het zelf maar uit. Dit kan niet goed zijn.'
Sascha houdt de plattegrond andersom. Ze kijkt nu ook een beetje twijfelachtig. 'Hé Dan, zeg eens wat, zo moeten we toch, hè?'
Danny haalt zijn schouders op. 'Ik ken geen plattegrond lezen. Het zal mij ook een worst zijn, eerlijk gezegd. Stomme speurtocht.'

Rosa ziet dat er een pakje shag uit het zakje van zijn spijkerjack steekt. Zou hij al roken? Danny haalt zijn kauwgum uit zijn mond en plakt hem onder de trapleuning.
'Getver! Viezerik,' zegt Esther. 'Dadelijk heeft iemand anders hem aan zijn handen!'
'Ach mens, zeur niet. Of mot ik 'm soms in je haar plakken, heb je dat liever?'
'Ja, ik zie het,' roept Sascha triomfantelijk. 'Ik heb het toch goed, hier omhoog, dan weer twee trappen naar beneden en dan zijn we er.'
'Zal tijd worden,' zegt Rosa opgelucht en ze rent met twee treden tegelijk de trap op. Als ze hijgend boven aankomt, ziet ze dat er alleen maar een smal gangetje is, met aan het einde een lage houten deur. Ze loopt terug.
Sascha, Danny en Esther zijn net boven aangekomen.
'Heel handig, Sas, ga maar terug allemaal, het loopt hier dood,' zegt Rosa en ze loopt de trap weer af.
'Hé, wacht even!' roept Sascha. 'Eens kijken wat hierachter is.'
Ze rammelt aan de deur. 'Stik, hij zit op slot.'
Danny gaat op zijn tenen staan. 'Hier hangt iets, baby,' zegt hij stoer en hij overhandigt Sascha een oude, roestige sleutel.
Rosa staat halverwege de trap. 'Kom nou, Sas, dat mag helemaal niet. Schiet op nou, ik wil terug.'
'Ik ook,' zegt Esther.
Maar Sascha luistert niet. De deur gaat piepend open en Sascha en Danny gaan naar binnen.
'Waaaaauw! Moet je zien, Danny... Gaaf!' hoort Rosa haar zeggen. Ze kijkt Esther besluiteloos aan. Esther haalt haar schouders op.
'Even kijken dan,' zegt Rosa. 'Ga je mee?'

Rosa en Esther stappen voorzichtig over de ouderwetse, hoge drempel naar binnen. Het is schemerdonker in de enorme ruimte en het ruikt er muf.
Vaag kan Rosa een hoog puntdak onderscheiden, dat ondersteund wordt door zware houten balken. Donkere houten kasten staan in lange rijen naast elkaar en overal staan dozen en kisten.

'Het is de zolder van de school,' fluistert Esther. 'Kom op, we mogen hier vast niet komen!'

'Sas, waar zit je?' roept Rosa. Ze laat haar hand over de muur glijden op zoek naar een lichtknop. Met een gilletje trekt ze hem terug. Getver, spinnenwebben! Vanuit een donkere hoek klinkt geproest.

'Hé, Roos, Esther, kom eens hier, ik heb iets heel mafs gevonden,' klinkt Sascha's stem.

Rosa loopt in de richting van het geluid, tussen twee rijen kasten door, met Esther dicht achter zich aan. 'Wat dan? Sas, waar zit je?'

'Hier ben ik!' roept Sascha terug. Rosa moet zich bukken voor een laaghangende balk. Nog een rij kasten, gevuld met ordners en stapels papier. Hoe verder ze van de deur weggaan, hoe donkerder het wordt. Rosa loopt met haar gezicht recht door een spinnenweb. Ze gilt het uit.

'Getverderrie! Ik vind dit niks, Sas!' Griezelend probeert ze de kleverige draden uit haar haar en van haar voorhoofd te plukken. Opeens slaat de deur achter hen met een klap dicht. Rosa kan geen hand voor ogen meer zien. Esther grijpt haar angstig vast.

'Doe het licht aan!' brult Rosa boos. 'Doe niet zo flauw, Sas!'

Dan klinkt opeens links van hen een akelig gegil. 'Hoe durven jullie binnen te dringen op de spookzolder van het Kamerlingh Onnes. Hier woont de afgrijselijke brugmuggenvreter! Zijn hobby is brugpiepertjes martelen! Whoeaaaah!'

'Whoeeeee!' valt de stem van Danny Sascha bij. 'Hier is het spook van de dooie schoonmoeder van Prittsema! Die woont hier ook! Ze is haar handje kwijt! Waar is haar handje?'

Rosa hoort gestommel en gefluister, gevolgd door gegiechel van Sascha. Haar ogen beginnen langzaam aan het donker te wennen.

'Hé, knijp me niet zo hard!' sist ze tegen Esther. 'Je bent toch zeker niet bang?'

Rosa voelt hoe het meisje naast haar trilt. Om eerlijk te zijn voelt ze zich zelf ook niet erg prettig. Met Sascha weet je maar nooit wat je kunt verwachten. En met die Danny erbij... Ze draait zich om en loopt naar waar ze denkt dat de deur is. Esther volgt haar op de hielen. 'Stom, kinderachtig gedoe,' mompelt ze.

Opeens staat Rosa stokstijf stil. Nu is het haar beurt om Esther

vast te grijpen. Ze knijpt haar ogen samen om beter te kunnen zien. Aan het eind van de rij kasten staat een witte gestalte, manshoog en met grote zwarte gaten waar de ogen horen te zitten. De gestalte heeft een vreselijke grijns op zijn gezicht en beweegt, hij komt langzaam hun richting op.
'Wie is dat?' fluistert Rosa angstig. 'Danny?' Ze deinst achteruit.
'Whoeaaah!' klinkt het en de gestalte komt opeens met een enorme vaart op hen af. Rosa en Esther gillen het uit, draaien zich om en zetten het op een lopen.
'Hahahaaa! Hihiii, ik kom jullie pakken!' krijst de gestalte. 'Verse, malse brugpiepertjes! Ik ga jullie schillen en bakken in de pan!'
Esther struikelt en klampt zich aan Rosa vast. Rosa verliest haar evenwicht en valt met haar volle gewicht tegen een kast aan. De kast valt met een dreunende klap om, gevolgd door gekletter en gerinkel van glas. Daarna is het opeens akelig stil op de zolder.
Versuft komt ze overeind. Naast haar begint Esther te snikken. Een scherpe geur vult de ruimte. Rosa voelt dat haar ogen beginnen te tranen.
'Doe het licht aan!' gilt ze. 'Sascha, doe het aan! Dit is niet leuk meer!' Ze bukt zich en tast voorzichtig om zich heen. 'Esther, heb je je pijn gedaan?'
Dan stoot haar hand tegen iets kouds en glibberigs. Met een gil trekt ze hem terug. Haar vingers beginnen pijnlijk te prikken. Rosa knijpt haar ogen dicht en gilt oorverdovend.
Opeens gaat het licht aan. De puinhoop is onbeschrijfelijk. De omgevallen kast stond vol met glazen potten zoals in het biologielokaal. Ze liggen overal in het rond. Esther zit op de grond en houdt snikkend haar bloedende hand vast. Om haar heen liggen hele en gebarsten potten, glasscherven en plassen vloeistof, waarin afschuwelijke, slijmerige dingen liggen.
'Aaaargh!' gilt Rosa. 'Ik heb met mijn handen in iemands hersens gezeten! Getverderrie! Esther, sta gauw op! Je zit op de staart van een dode aap! Schiet op! Dat spul bijt in je huid!'
Ze steekt een hand naar haar uit en helpt het snikkende meisje overeind.
Sascha en Danny kijken verbijsterd toe. Tussen hen in staat een geraamte op wieltjes. De grijnzende schedel hangt scheefgeknakt op de ruggenwervels.

Dan wordt er opeens hard op de deur gebonsd. Sascha verbleekt.
'Shit!' fluistert ze. 'Nu zijn we de klos...'

Rosa van Dijk

Van:	Jonas de Leeuw <jdl@xs22.nl>
Aan:	Rosa van Dijk <rosa_vandijk@hotmail.com>
Verzonden:	1 september 21.01
Onderwerp:	beugelbekkie

Ha die Roos,

Basisschoolgup, hoe durf je! Jij bent maar een halfjaar ouder dan ik, hoor. Ik ben toevallig gewoon verkeerd jarig of zoiets, anders zat ik nu ook al in de brugklas.
Ja, we zijn al een week bezig. We hebben een nieuw meisje in de klas en verder is er niks veranderd. Ik zou juist wel naar de middelbare school willen. Ik vind het hier knap saai worden.
Als je een beugel hebt, ben je dan ook een puber?
Ja, dat wist je nog niet, maar je vriendje uit Limbokije heeft een complete ijzerwinkel in zijn mond gekregen. Ik kan je vertellen: leuk was het niet! Eerst moesten er vorige week twee kiezen getrokken worden. Het waren echte grote-mensen-kiezen, jakkes! Kindermishandeling! Maar ik was heel flink, ik heb geen kik gegeven. Ook al voelde het alsof mijn kop van mijn nek gerukt werd. Toen heb ik twee dagen

alleen maar vanillevla en ijs gegeten. Gisteren is de beugel erin gezet. Het duurde wel twee uur, maar ik had een walkman op, dat hielp. Dan zit je niet zo de hele tijd te letten op dat gefriemel in je mond. Dan lijkt het net of de muziek de pijn wegzuigt.
Ik mocht de kleur van de elastiekjes uitkiezen. Ik heb nu paarse. Het voelt heel naar, zo'n ding in mijn mond. Ik zit er de hele tijd met mijn tong aan te friemelen en nu voelt mijn tong aan alsof ik ermee in het prikkeldraad gehangen heb. Jij hebt maar geluk dat je tanden goed staan. Het ergste is dat ik niet tussendoor mag snoepen en tussen de middag op de pleewee op school mijn tanden moet poetsen. Sta ik mooi voor paal. Wie staat er nu op school op de wc zijn tanden te poetsen?
Hoe was je eerste dag op de brugmuggenschool? Ik ben best jaloers op je, hoor.
Nog bedankt voor de survivaltips, ik zal vast gaan oefenen op de boeken in de boekenkast van mijn ouders. Daar kan ik voorlopig mee toe, want dat zijn er heel veel. Je krijgt trouwens de groeten van ze.
Meel gauw terug, ik spring bijna uit elkaar van nieuwsgierigheid!

Groetjes van Joon de Poon

P.S. Brugbamibal, brugbanaan, brugkippetje, brugleuning (haha), brugmicroop, brugkuiken, brugbacil, bruglilliputter, brugbaby.
Persoonlijk vind ik brugbacil het leukst.

Jonas de Leeuw

Van: Rosa van Dijk <rosa_vandijk@hotmail.com>
Aan: Jonas de Leeuw <jdl@xs22.nl>
Verzonden: 2 september 06.15
Onderwerp: rampramp!

Ha Joon Bruineboon!

Ik was gisteren te moe om terug te melen. Wat een dag, je zult het niet geloven!
Het ging helemaal mis en dat kwam door die stomme Sascha. Het is dat ze mijn beste vriendin is, maar anders... Het begon dat we een speurtocht hadden en in ons groepje zat een stomme stoere jongen, Danny, voor wie ze zich ontzettend uitsloofde. En ook een meisje, Esther. Die Esther had heel maffe kleren aan en dat was voor Sas natuurlijk een goede reden om haar eens even flink te pesten. We verdwaalden en toen kwamen we op een enge, donkere spinnenwebbenzolder terecht. Sas en Danny probeerden ons bang te maken met een skelet op wieltjes. Nou, dat lukte aardig en toen ben ik tegen een kast met glazen potten met dode dingen erin aangelopen en de hele boel ging tegen de grond. Een puinzooi dat het was! Overal glibberden klompen hersens, onthoofde ratten en opengesneden konijnen over de vloer! Niet te filmen! En Esther had een snee in haar hand, maar gelukkig viel dat mee. Ik schrok me wel dood, al dat bloed! Toen zijn we betrapt door de conciërge en die was WOEDEND toen hij de troep zag! De zolder bleek streng verboden terrein te zijn, maar hoe konden wij dat nou weten?
Toen moesten we naar de conrector (dat is de onderbaas van de school) en daar kregen we een enorme preek. Omdat het de eerste dag was, kregen we geen straf, maar hij zei dat hij ons in de gaten zou houden.
Leuk begin op de nieuwe school! Dank je wel, Sas.
Nou, toen mochten we naar huis, want het was alleen maar

een introductiedag. Lidwien en ik zouden met Sascha naar McDonald's gaan, maar die flauwerik ging met Danny mee en liet ons gewoon zitten. Kon me niks schelen, want ik was toch kwaad op haar.
Ik heb net mijn boekentas gewogen. Zestien kilo! Hoe krijg ik dat ding ooit naar school gesleept?
O, ja. Je bent pas een Puber als je de drie P's hebt:
Puisten
Pesthumeur
Problemen
Ik heb een enorme pukkel op mijn neus en ook een op mijn voorhoofd. Balen! En ook een pesthumeur. En problemen genoeg.

Groetjes van Roos

Survivaltip 4: Haal geen rare streken uit op de eerste dag op de nieuwe school. Ga vooral niet op avontuur!
Survivaltip 5: Puisten moet je pas uitdrukken als ze rijp zijn. Dat kun je zien aan een wit puntje. Dan zeggen ze plop! als je erop drukt. (Dat had ik vanmorgen dus. Het zat op de spiegel. Getver.)
Survivaltip 6: Daarna moet je camouflage-plamuur van je moeder erop smeren, dan zie je er niks meer van. Avocado's helpen ook.
Doei! Roos

P.P.P.

'Jeetje, Roos, moeten al die boeken mee?'
Rosa's moeder zit op het bed en kijkt ongelovig naar Rosa's rugzak. Hij puilt uit en de rits staat open.
'Ja, Prittsema zei dat de boeken mee moesten. En de schriften, en een etui en een agenda...' Met een rood hoofd probeert Rosa de tas dicht te krijgen.
'Maar dat zijn volgens mij *alle* boeken die je hebt! Je hebt toch alleen die boeken nodig van de vakken die je vandaag krijgt? Zullen we het even samen uitzoeken?'
'Mam, ik ben geen klein kind! Ik weet heus wel wat ik doe!'
'Jeetje, wat heb jij een humeur, zeg.' Haar moeder kijkt haar bezorgd aan. 'Is er gisteren iets gebeurd op school? Was het niet leuk? En waarom moest ik Sascha wegsturen toen ze na het eten kwam? Hebben jullie soms ruzie gehad?'
'Helemaal niet. Waar bemoei je je eigenlijk mee?' Rosa komt overeind en veegt haar weerbarstige krullen uit haar gezicht. Ze werpt haar moeder een boze blik toe. Vroeger vond ze het altijd gezellig als mama 's ochtends voor ze naar haar werk moest even bij haar op de kamer kwam kletsen. En toen papa er nog was, deed hij het altijd 's avonds, als hij haar een kus kwam geven... Maar nu vindt ze het alleen maar irritant. 'Waarom wil je toch altijd alles weten?'
'Nou... ik bedoel het aardig, hoor,' zegt haar moeder gekwetst.
Met een rood gezicht van inspanning sjort Rosa de rugzak op haar rug. Ze kiepert bijna om door het gewicht ervan.
'Die is toch veel te zwaar voor je!' roept haar moeder uit. 'Laat eens voelen.'
'Nee,' zegt Rosa boos. 'Ik wen er heus wel aan. Ga nou maar van mijn kamer af!'
Rosa's moeder loopt naar de deur. Ze kijkt verdrietig.
'Zeg Roosje, je ruimt wel nog even je kamer op, hè?'
'Jaha,' roept Rosa ongeduldig. 'Doei!'

Rosa fietst langzaam in de richting van de speeltuin. Haar rugzak heeft ze op haar bagagedrager gebonden. Zo gaat het tenminste nog een beetje, maar haar fiets zwiebelt akelig in de bochten door het gewicht van de boeken. Ze is er bijna. Wat moet ze nou doen als Sascha gewoon op haar staat te wachten? Moet ze het goedmaken of niet? Beter goedmaken. Anders staat ze dadelijk alleen op het schoolplein. Lidwien gaat toch altijd bij Sascha staan.

Sascha en Lidwien staan er inderdaad.
'Ha die Roos!' roept Sascha vrolijk, alsof er niks aan de hand is.
Rosa stopt niet, zoals gewoonlijk, om even te kletsen, maar fietst door.
'Vette pet heb je op! Nieuw?'
Rosa trekt de pet dieper over haar voorhoofd. Niemand hoeft haar pukkels te zien.
Sascha gaat naast haar rijden en geeft haar een por. Rosa ziet dat ze zwarte lijntjes onder haar ogen getrokken heeft.
'Roos, ben je boos? Klap op je hoed, ben je morgen weer goed!' zegt Sascha en ze geeft lachend een pets op Rosa's pet. 'Kom op nou, we zijn toch beste vriendinnen?'
Rosa haalt haar schouders op en trapt stevig door.
Sascha kijkt achterom naar Lidwien en buigt zich dan naar Rosa.
'Ik heb verkering met Danny!' fluistert ze opgewonden.
'Wat? Nu al?' roept Rosa uit. 'Je kent hem nauwelijks een dag!'
'Nou en? Hij is hartstikke cool! Hij heeft me gisteren bij Emsiedie op een hamburger getrakteerd en toen hebben we in het park staan zoenen! Hij kust lekker, joh! Ik ben echt kei-gek op hem! Kijk eens wat ik gekregen heb!' Sascha steekt haar arm uit en duwt haar pols onder Rosa's neus. Rosa maakt door het gewicht van haar tas een slinger en bijna haken hun sturen in elkaar.
'Pas op, gek!' roept ze geschrokken.
Sascha lacht. 'Nou, wat vind je ervan?' Om haar arm heeft ze de brede leren band met spijkers.
Rosa trekt haar neus op. 'Daarom heb je je opgemaakt zeker! Ik snap niet dat je dat mag van je moeder! En wat is Emsiedie eigenlijk?'
'MCD: McDonald's, dombo!'
'Pfff, ja, daar zouden wij toch samen heen gaan?'

'Ja, maar jij was kwaad,' zegt Sascha. 'Ben je jaloers of zo?'
'Pfff, ik niet. Op jou zeker!'
Maar diep in haar hart moet Rosa toegeven dat ze dat best een beetje is. Sascha mag alles wat zij niet mag: plateauzolen, make-up, ringetjes in haar oor. En ze maakt altijd zo makkelijk vrienden. Gisteren na school stonden er al een stuk of zeven meisjes en jongens om haar heen aan wie ze het verhaal in geuren en kleuren vertelde. En alle kinderen moesten hard lachen.
Rosa zucht. Ze mag eigenlijk blij zijn dat Sascha haar beste vriendin is. Anders zou ze vast helemaal alleen zijn.

Het eerste uur hebben ze Engels. Rosa heeft vanmorgen uitgebreid haar lesrooster bestudeerd. Zeven uur heeft ze, tot drie uur vanmiddag. Na Engels heeft ze geschiedenis. Dan twintig minuten pauze en dan twee uur gym en daarna weer twintig minuten pauze. Daarna een uur aardrijkskunde, een uur wiskunde en een uur tekenen. En voor elk vak een ander lokaal! Gelukkig kon ze het Engelse lokaal makkelijk vinden. Gewoon de andere kinderen achternalopen. De meesten herkende ze nog wel van gisteren.
Rosa kijkt onwennig om zich heen. Ze kan zich niet goed concentreren op wat de leraar zegt. Iets over hoe wonderschoon de Engelse taal is. Dit lokaal ziet er heel saai en kaal uit, helemaal niet wonderschoon. Met grijze muren en nare tl-lampen aan het hoge plafond. Ze krabt aan het pukkeltje op haar voorhoofd. Het doet pijn als ze erop drukt. Als ze maar niet meer pukkels krijgt. Mama zei dat ze ervan af moet blijven, maar dat is makkelijker gezegd dan gedaan. Haar pet moest ze afdoen in de klas. Als niemand die ellendige puisten nou maar ziet... En van de zenuwen kon ze ook al niet de goede boeken in haar tas vinden. Alles zat door elkaar heen.
Esther zit schuin voor haar. Er zit niemand naast haar en ze buigt zich diep over haar boek heen. Ze heeft nu een spijkerbroek aan en een felpaars bloesje met roze mouwen. Zo te zien ook weer door haar moeder gemaakt. Best grappig eigenlijk.
Sascha, die naast Rosa zit, ziet waar ze naar kijkt.
Ze krabbelt iets op een briefje en schuift het naar haar toe.
'Jampot ziet er weer hip uit vandaag!'

Rosa grinnikt en knikt. Als Sas maar niet weer gaat pesten vandaag. Eigenlijk vindt ze Esther best aardig. Nou, aardig... In ieder geval zielig.
Sas zit intussen omgedraaid in haar stoel met Danny, die vlak achter haar zit, te fluisteren.
'Ladies and gentlemen, can I have your attention!' roept de leraar en hij klapt in zijn handen. 'We gaan beginnen met de les!'
'Lekker belangrijk,' zegt Sascha.

'Het viel best mee, hè?' zegt Lidwien.
Rosa knikt verstrooid. Het is pauze en ze staat samen met Lidwien op het plein in de zon. Om hen heen is het een drukte van jewelste. Overal zitten, hangen en lopen kinderen die bijna allemaal groter zijn dan zij. Sommigen zitten in groepjes bij elkaar op de grond te praten en te lachen. Anderen slenteren met hun handen in hun zakken rond. Bij de fietsenstalling staat een groepje punkers met grote paarse en groene hanenkammen op hun hoofd. Er worden duidelijk geen spelletjes gespeeld op het plein.
'Hé, moet je eens kijken wat ik gescoord heb!' roept Sascha, die omringd door drie andere meisjes aan komt lopen. Ze steekt een gevulde koek op. In haar hand heeft ze een blikje cola. 'Er is daar in de hal een automaat met frisdrank. Tachtig cent per blikje! En die koek komt uit de kantine. Hapje?'
Rosa neemt een hap.
'Nou nou, kan het nog groter?' moppert Sascha.
'Mag ik ook een hapje?' vraagt Lidwien.
'Nee, anders is hij op. Koop er zelf maar een,' zegt Sascha en ze neemt een slok cola.
'Ik heb geen geld,' zegt Lidwien zacht.
Sascha doet net alsof ze haar niet hoort. 'Zeg, hebben jullie Jampotjes nieuwe outfit al gezien?'
De meisjes om haar heen draaien zich om en kijken naar Esther, die op een bank in haar eentje een boek zit te lezen. Ze giechelen.
'Die aanstelster wil alleen maar opvallen, ze denkt zeker dat ze beter is dan wij. Vind je ook niet, Roos?' vraagt Sascha met harde stem en ze steekt Rosa het blikje cola toe.

De meisjes kijken haar aan. Rosa trekt de pet dieper over haar ogen en neemt een slok.

'Ja, dat is het, een stomme aanstelster...'

Terwijl ze het zegt, schaamt ze zich. Ze zegt wat Sascha van haar verwacht, niet wat ze zelf denkt.

'En ze heeft nog steeds van die malle kleertjes aan! Dat moeten we haar toch afleren!'

'Ik zou het maar niet doen, Sas,' zegt Lidwien. 'De conrector houdt jullie in de gaten, dat weet je toch? En die Bijlsma ook. Ik zag hem vanmorgen kijken toen we naar binnen liepen.'

'Ach, je denkt toch niet dat ik bang ben voor die achterlijke dakhazen? Wat kunnen mij die nou schelen?' zegt Sascha stoer. De andere meisjes barsten in lachen uit.

'Ik moet even mijn nieuwe vriendinnetje gedag zeggen, hoor!'

Sascha loopt naar Esther toe en ploft naast haar neer op de bank. Ze neemt een slok cola en laat dan een harde boer, vlak bij haar oor. Esther krimpt in elkaar.

Sascha pakt met een ruk haar boek af.

'Wat ben je aan het lezen? Oooo, wauwie, cool! Allemaal muzieknootjes! Do-re-mi-fa-sol, wat-een-stu-die-bol!'

Dan laat ze het colablikje omvallen. Een golf van het bruine, bruisende spul loopt over de bladzijden van het boek.

'Oeps! Pardon,' roept Sascha uit. 'Ik deed het niet expres, hoor!'

Ze springt overeind, het boek ruw uitkloppend, zodat de cola in het rond vliegt. Een bladzijde raakt los en dwarrelt naar de grond.

'Geef terug, rotkind!' roept Esther boos. Ze grist het boek uit Sascha's handen. 'Dat is een boek van de bieb, hoor!'

'Oei! Van de bieb! Hieperdepiep, een boek van de biep! Sorry Jampotje, ik wist niet dat je kwaad werd!'

Sascha lacht spottend en loopt terug naar haar vriendinnen, die een eindje verderop giechelend staan toe te kijken.

'Wat een duffe muts is die Esther, hè? En slordig op haar boeken ook.'

Ze duwt het lege colablikje in Lidwiens handen. 'Hé Wientje, gooi dit even weg voor me, wil je? Ik trakteer op pennywafels, wie wil er een?'

Nog een P

'Wat eten we, mam?' vraagt Rosa terwijl ze de keuken binnenloopt.
Haar moeder zit aan de keukentafel te lezen, met een glas wijn in haar hand.
Rosa loopt naar het fornuis, waarop pannen staan, en tilt een deksel op.
'Getverdemme, witlof! Je weet toch dat ik dat niet lust.'
Rosa's moeder kijkt verstrooid op.
'Hè Roos, je hebt altijd wat aan te merken op het eten. Zelfs nog voor je het geproefd hebt.'
Rosa zet haar handen in haar zij en kijkt haar moeder fel aan. 'Ja, maar jij maakt ook altijd expres dingen die ik niet lust. Je houdt gewoon geen rekening met mij!'
Rosa's moeder kijkt haar een ogenblik verbaasd aan en begint dan te lachen. 'Roosje, ik geloof dat je echt begint te puberen. Mijn dochter is een grote meid aan het worden.'
'Lach me niet uit, stom mens!' schreeuwt Rosa met overslaande stem. Ze pakt een lepel van het aanrecht en smijt die op de grond. 'En waarom zie je er trouwens zo opgetut uit? Ga je weg of zo? En mij zeker weer alleen achterlaten?'
'Ho, ho, meisje, kalm een beetje.' Rosa's moeder staat op en doet haar boek dicht. 'Ik ga helemaal niet weg, we krijgen bezoek. Alexander komt eten.'
'Alexander? Toch niet... Alexander Apenbil?'
Haar moeder knikt glimlachend en zet het vuur onder de pan met witlof uit.
'Maar het was toch uit? Al minstens een halfjaar!'
'Ja, het was uit. Maar ik ben hem gisteren in de stad tegengekomen en toen hebben we heel gezellig koffie gedronken, en oude herinneringen opgehaald. Ik merkte dat ik hem nog steeds aardig vond. Dus heb ik hem uitgenodigd. Dingen kunnen veranderen, Roos.'
Rosa kijkt haar moeder met open mond aan. Dan barst ze weer los.

'Zie je wel dat je geen rekening houdt met mij. Ik haat Alexander! Als je maar niet denkt dat ik mee-eet. Ik eet wel niks!'
Stampvoetend loopt ze de keuken uit en met een daverende klap smijt ze de deur achter zich dicht. Met tranen in haar ogen rent ze de trap op. Die stomme mama! Die stomme rot-Alexander. Ze had nog zo gehoopt dat papa weer terug zou komen...
Rosa laat zich op haar bed vallen en begint te huilen.

Jonas de Leeuw

Van: Rosa van Dijk <rosa_vandijk@hotmail.com>
Aan: Jonas de Leeuw <jdl@xs22.nl>
Verzonden: 2 september 19.10
Onderwerp: brugbochel

Ha die Joon de Kloon,

Ik schrijf je nu al voor de tweede keer vandaag. Ik voel me rot. Alles gaat mis. ALLES!
Op school en thuis ook. Vanavond komt Alexander bij ons eten. Je weet wel, Alexander Apenbil, je hebt hem op Corsica gezien, toen hij nog een relatie met mama had. Het was uit, al sinds begin dit jaar, ik blij natuurlijk, en nu is hij er opeens weer! Hij is net binnengekomen en ik hoor mama en hem beneden samen lachen. En mij laten ze barsten en ik krijg helemaal niks te eten. Ik zet gewoon lekker keihard de muziek aan.
Ik kom maar bij jou wonen, denk ik. Jij hebt tenminste gewone ouders die niet gescheiden zijn. Jouw moeder maakt vast nooit dingen die je niet lust. Ik moet altijd alles eten van de mijne. Zelfs vieze witlof en spruiten. Kindermishandeling is het.
Op school is het al even naar. Ik voel me helemaal niet thuis in de nieuwe klas. Ik sjouw me rot met die boeken, ik heb er al een kromme rug van. Ik ben geen brugmug, maar een brugbochel.
Ik ben ook steeds bang dat ik de verkeerde boeken bij me heb, dus ik sjouw álles steeds mee. Het is best ingewikkeld, hoor, al die verschillende lessen, en al die verschillende leraren, en al die verschillende klassen.
Vandaag hebben we ook voor het eerst huiswerk opgekregen. Drie vakken voor morgen! Ik moet er nog aan beginnen.
En eigenlijk heb ik ook niks aan Sascha, weet je wel, mijn vriendin. Ze is echt veranderd, zeker ook een P geworden in

de zomervakantie. Een PP dan (Pest-Puber), want ze pest de hele tijd. Vooral een meisje uit onze klas, Esther heet ze, en alleen maar omdat ze er anders uitziet en van vioolspelen houdt en niet van de Backstreetboys of de Venga Boys of hoe ze ook mogen heten. En omdat ze een dikke bril op heeft en geen merkkleren draagt.
En het ergste is dat ik nog meedoe ook. Ik haat mezelf. En nou heb ik nog naar gedaan tegen mama ook. Terwijl ze altijd zo lief is voor mij. Het komt ook omdat ik papa mis. Hij is op vakantie op Mallorca of Madeira of zoiets, om er eens even helemaal uit te zijn. Mij heeft hij niet meegenomen!
Ik wou dat ik nog klein was. Toen had ik ook nog geen pukkels. En toen waren papa en mama nog bij elkaar.

Nou, doei! Roos (boos)
O ja, hier komt nog een survivaltip:

Survivaltip 7: (heb ik van Lidwien geleerd, en die heeft het van haar grote zus)
Pak je boeken vak voor vak in, de avond van tevoren. Dus als je eerst Frans hebt, doe je je Franse boeken bovenop, heb je daarna wiskunde, dan je wiskundeboeken en -schriften, enz. Dat ga ik dus straks ook doen, dan hoef ik morgen niet bij elke les te zoeken.

P.S. We hebben techniek gehad. Is hartstikke leuk. Het gaat over hoe dingen werken en hoe dingen gemaakt worden. Bijvoorbeeld een fiets. Grappig, nooit bij stilgestaan waarom een fiets fietst of een mixer mixt!

P.P.S. Ge-staaf-mixt! Zo voel ik me vanbinnen. R.P. dus (Rosa-Puree!)

Rosa van Dijk

Rosa van Dijk

Van:	Jonas de Leeuw <jdl@xs22.nl>
Aan:	Rosa van Dijk <rosa_vandijk@hotmail.com>
Verzonden:	2 september 21.01
Onderwerp:	ploink!

Lieve Boze Roos,

Ik zette de computer nog even aan voordat ik naar bed ging en ploink! Daar was alweer meel van jou! Leuk!
Wat een ellende, zeg. Jammer dat ik niet dichter in de buurt woon, dan kon ik je nu even aan het lachen maken. Dat kan ik misschien toch wel, luister maar eens.
Ik had je toch verteld dat er een nieuw meisje in de klas gekomen is? Ze is Marokkaanse en heeft de mooiste zwarte, geheimzinnige ogen die ik ooit gezien heb. En lang, donker, glimmend haar. En ze heeft ook een beugel. Nou, zij moet dus ook tussen de middag op de pleewee op school haar tanden poetsen na het eten. En bij ons zijn de wasbakken van de jongens en de meisjes in dezelfde ruimte. En toen stonden we daar dus samen te poetsen en toen werd ik zo zenuwachtig dat ik te hard poetste en toen sprong het stangetje van mijn beugel los en toen had ik een gat in mijn wang! (Niet een echt gat, hoor. Maar het bloedde wel een beetje.)

Aisha (zo heet ze dus) heeft mij meteen naar de conciërge gebracht. Ze was echt hartstikke lief voor me! En toen moest ik dus naar de tandarts, en toen hoefde ik lekker niet meer naar school.
Roos, ik word ook een P! Ik voel het! Ik geloof dat ik Perliefd ben!
Wat moet ik doen!? Jij bent een meisje, dus misschien weet jij het! Kun je daar geen survivaltips over schrijven?
Ik ben zo blij dat ik een beugel heb!
Maar nu even over jou. Ik vond die Alexander Apenbil toen best aardig, hoor. Je kon wel met hem lachen. Maar ik kan het me ook voorstellen, hoor, dat je het rot vindt. Zie je je vader nog vaak? Hij is toch een paar maanden geleden naar Eindhoven verhuisd? Dat is toch niet zo ver van Den Bosch? Ook niet zo ver bij mij vandaan.
Wat zielig dat die Esther gepest wordt. Bij ons op school wordt ook wel gepest, maar onze juf is kei-goed in dat soort dingen en dan praten we het uit in de kring. Dan doen we het spelletje van rol-verwisselen. De Pester wordt de Gepeste, als je begrijpt wat ik bedoel. En degene die gepest wordt, pest de Pester. Snap je wel, snap je niet? Zodat ze zich voor kunnen stellen hoe het voelt. Het werkt wel, hoor.

Nou, ik ga weer even mijn beugel poetsen, want hij moet morgen mooi glimmen voor Aisha. (Grapje.) Ik moet ook twee minuten gorgelen met fluoridespul. Gisteren kwam mijn moeder binnen toen ik in mijn nakie stond te gorgelen en toen heb ik het per ongeluk ingeslikt. Nu ben ik radioactief vanbinnen en geef ik licht.
Kun je alweer een beetje lachen, Roos?

Groetjes van Jonas P.

Jampotje

'Jeetjemina, Sascha! Wat heb jíj nou gedaan?'
Rosa kan haar ogen niet geloven. De haren van haar vriendin zijn nog korter geknipt en spierwit gebleekt.
Nonchalant leunt Sascha over het stuur van haar fiets en ze haalt met veel kabaal haar neus op. Ze strijkt met een zwierig gebaar door haar stekeltjes. Lidwien staat er schaapachtig bij te lachen.
'Gaaf, hè?' zegt Sascha. 'Vet wreed heftig, of niet soms? En dat is nog niet eens alles!'
'O nee?' vraagt Rosa. 'Wat dan nog meer? Wat praat je raar trouwens.'
Sascha steekt haar tong uit.
Rosa buigt zich voorover om het goed te kunnen zien. 'Sascha! Je bent gek! Een tongpiercing!'
Sascha knikt trots. 'Cool, hè? En Danny heeft er ook een. Hebben we gisteren laten zetten. Nu zijn we helemaal uniseks. Kan iedereen zien dat we verkering hebben.'
'Uniseks!' zegt Rosa perplex.
'Cool, hè?' zegt Sascha nog eens.
Rosa schudt haar hoofd. 'Pffff, dat jij dat durft. En dat je dat mag! Weet je moeder dat? En heeft ze je haar gezien?'
Sascha trekt een onverschillig gezicht. 'Gisteren was ze niet thuis en vanmorgen lag ze nog in bed, zoals gewoonlijk. Het kan haar niks schelen wat ik doe.'
'Steek nog eens uit,' vraagt Rosa. 'Doet dat niet hartstikke zeer? Je praat er wel gek van, hoor. Alsof je een hete aardappel in je mond hebt.'
'Ach, dat gaat toch zo over. Het moet gewoon even wennen. En het deed maar even pijn, toen ze dat ding erin schoten.'
Sascha prutst aan het zilveren bolletje in haar mond. 'En ik moet het goed draaien de eerste dagen, anders groeit het vast.'
'Getver!' zegt Rosa griezelend. 'Jakkiebah! Ik zou dat niet willen! Ik zou er maar afblijven met je vieze vingers! Dadelijk gaat het nog ontsteken.'
'Pfff, heus niet...' Sascha stapt op en fietst weg.

'En hoe moet dat dan met eten?' vraagt Rosa als ze haar heeft ingehaald.
'Gewoon... geen enkel probleem, hoor.'
'En als je hem dan inslikt?'
'Kan niet, zit van onderen vast, net zoals bij een oorbel.'
Rosa rilt. 'Maar waarom heb je dat ding eigenlijk? Niemand ziet het toch?'
Sascha kijkt haar spottend aan. 'Weet je dat niet? Wat ben je toch een onnozele gans!'
'Wat dan?'
'Dat dat voor het tongen is! Dat kust lekker!' roept Sascha ongeduldig uit.
Rosa hoort Lidwien achter haar in lachen uitbarsten. Sascha trapt opeens hard op haar rem en draait zich om. Rosa kan nog net uitwijken en Lidwien komt met een gilletje tot stilstand tegen Sascha's achterwiel.
'Lach jij mij soms uit, tuttebol?' vraagt Sascha dreigend aan Lidwien.
Lidwien krijgt meteen een rood hoofd. 'Nee, nee, natuurlijk niet, Sas, ik vind het juist hartstikke cool. Ik zou het ook wel willen, hoor, maar... en ook zulk haar... Echt hartstikke cool vind ik het!'
'O, dan is het goed.' Sascha stapt weer op en fietst verder.
'Ze zou het ook wel willen, maar ze heeft er natuurlijk geen geld voor,' fluistert ze tegen Rosa, maar net zo hard dat Lidwien het wel kan verstaan.
Rosa is even stil, terwijl ze door het drukke verkeer verder fietsen.
'Maar hoe kom jij dan aan al dat geld?' vraagt ze voorzichtig.
'Puh, geld zat. Krijg ik van de vriend van mijn moeder.'
'O,' zegt Rosa. Ze durft niet verder te vragen. Dadelijk krijgt ze ook een grote mond terug. Sascha is zo lichtgeraakt de laatste tijd. Gisteren heeft ze Lidwien zelfs een klap gegeven. Ze is ook al verschillende keren uit de klas gestuurd, naar de conrector. En sinds vorige week zitten ze bij verschillende vakken niet meer naast elkaar, omdat ze te veel giebelden en kletsten onder de les.

Als ze hun fietsen in de stalling hebben gezet, trekt Sascha haar apart.

'Nee, loop jij maar even door!' roept ze tegen Lidwien, die vragend omkijkt.
Sascha haalt een flesje uit haar zak. Er zit een heldere, kleurloze vloeistof in.
'Hé Roos, waarom maak jij je haar ook niet wit? Dan hoor je bij de club! Het zou je hartstikke goed staan. Je laat het gewoon heel kort knippen en dan doe je dit erin.' Ze schudt het flesje voor Rosa's gezicht heen en weer.
Rosa duwt geschrokken haar lange haar naar achteren.
'Ben je nou helemaal besodemieterd! Ik ben niet gek! Wat is dat eigenlijk voor spul?'
'Waterstofperoxide,' zegt Sascha. 'Daar gaat het hartstikke makkelijk mee. Ik heb het van Danny gekregen. Al die dure verfjes zijn volgens hem helemaal niet nodig. Je verdunt het gewoon een beetje, dan wrijf je het in je haar, halfuurtje wachten en klaar is Kees! Je vond het toch mooi? Of houd je me soms voor de gek, en doe je maar net alsof je het mooi vindt?'
Rosa ziet weer die dreigende blik in Sascha's ogen.
'Nee, n...nee, hoor,' stottert ze. 'Natuurlijk niet! Het staat je hartstikke goed, Sas. Stoer! Het past bij je. Maar... maar... het past niet bij mij. En... en bovendien, mijn moeder zou me vermoorden!'
'Huh, je bent echt een watje, Roos, dat je je iets van je moeder aantrekt,' zegt Sascha schamper en ze stopt het flesje in haar rugzak. 'Ben jij nou een vriendin? Je wordt meer en meer een duf tuttemientje. Een bangig ukkepukje. Misschien kun je beter viool gaan spelen met Jampotje. Jullie zijn een leuk setje.'
Sascha beent met grote passen weg. Rosa ziet dat Danny op haar staat te wachten bij de ingang van de school. Als ze bij hem is, slaat hij een arm om haar heen en geeft hij haar een lange kus. Rosa griezelt. Beh! Met die dingen dwars door hun tong... Ze moet er niet aan denken. Ze zucht diep, hijst haar zware rugzak over haar schouder en sjokt naar binnen. Ze ziet niet dat Ritsema een verdieping hoger achter het raam staat en haar met een peinzende blik in zijn ogen volgt.

'Hier, neem jij hem maar.' Sascha steekt Rosa een halve gevulde koek toe. Dankbaar neemt ze hem aan. Het lijkt wel of ze de hele dag door honger heeft. Het is pas half elf en al haar eten is op. En ze heeft geen geld meer om wat lekkers te kopen. Van het laatste restje van haar zakgeld heeft ze gisteren Lidwien getrakteerd bij McDonald's.

Het is pauze en de aula is vol met druk pratende en lachende kinderen. Buiten regent het pijpenstelen. Rosa kan maar niet wennen aan het nieuwe uiterlijk van Sascha. Ze ziet er helemaal niet meer uit als de Sascha die ze kende, met die zwarte lijntjes om haar ogen en dat witte haar. Ze ziet er harder en ouder uit. Helemaal niet als een brugmug, maar eerder als een meisje van vijftien of zestien jaar.

'Waarom eet je hem zelf niet op? Doet je tong pijn?' vraagt Rosa met volle mond.

'Ach nee, ik moet op mijn lijn letten,' antwoordt Sascha en ze strijkt over haar buik.

'Welke lijn?' vraagt Rosa verbaasd. 'Je bent zo mager als een spijker! Drie keer dunner dan ik! En waarom koop je hem dan?'

Sascha haalt haar schouders op. Danny staat een eindje verderop met een paar vrienden te praten. Rosa ziet dat hij naar Sascha knipoogt en dan met een veelbetekenende blik achter zich wijst. In een hoekje van de aula staat Esther in haar eentje een boek te lezen.

'Ze is koppig, ons Jampotje,' zegt Sascha. 'We zitten nu al vier weken op school en ze weigert nog steeds om iets normaals aan te trekken. Moet je zien wat ze vandaag aanheeft! Ze kan zo op de kermis met die gekleurde lappen!'

Esther ziet er verdrietig en eenzaam uit, vindt Rosa, alhoewel ze een kleurig plekje is te midden van alle donkerblauwe en zwarte kleren om haar heen. Zij zou het vreselijk vinden om zo alleen te staan. Eigenlijk vindt ze Esthers kleren helemaal niet stom, maar juist vrolijk en apart. En ze heeft stiekem bewondering voor haar omdat ze haar eigen zin doet en zich niet aanpast aan de rest.

Rosa is blij dat zij niet zo geplaagd wordt. Op de basisschool werd ze ook wel eens gepest, maar toen ze vriendinnen werd met Sas durfde niemand het meer. Daar is ze Sascha hartstikke dankbaar voor. Maar ze weet dus hoe het voelt. Niemand wil met Esther omgaan. Sascha heeft zo'n beetje de hele klas tegen haar opgestookt. Sascha is met haar grote mond en haar snelle

grapjes, net zoals op de basisschool, de populairste van de klas. Rosa heeft het gevoel dat ze toch iets moet doen, ook al is ze bang voor Sascha's scherpe tong. Ze slikt en haalt diep adem.
'Waarom pest je Esther eigenlijk zo?'
Sascha kijkt haar met samengeknepen ogen achterdochtig aan.
'Ik? Jij doet er anders ook aan mee, hoor! Wat een stomme vraag. Dat kind vraagt er gewoon om. Ik pest haar omdat ze anders is.'
'Mag iemand dan niet anders zijn?'
Sascha haalt haar neus op. 'Jij snapt er ook niks van, hè? Ik zal het je nog een keer uitleggen: dat verwaande nest doet net alsof ze *beter* is dan wij. Met haar stomme viool en haar muziekschriftjes en die maffe, zogenaamd artistieke kleren en die geleerde bril. En heb je gemerkt hoe ze zich uitsloof in de klas? Voor Engels had ze een negenenhalf! Wat een suffe studiebol!'
Rosa denkt even na. 'Wil je daarom dat ik ook mijn haren kort knip en wit maak? Zodat ik op jou lijk?'
'Ach nee, mens!' roept Sascha verontwaardigd uit. 'Hoe kom je erbij! Het zou je gewoon leuk staan. Ik weet niet of je het weet, Roos, maar je ziet er nogal kinderachtig uit, je zit niet meer op de basisschool! Je bent al dertien!'
Sascha ziet Rosa's gekwetste blik en zegt er snel achteraan: 'Ik zeg het voor je eigen bestwil, hoor. Omdat je mijn vriendin bent.'
Rosa haalt onzeker haar schouders op. Dacht ze dat ze alles goed deed in Sascha's ogen en dan is het nog niet zoals het moet.
'Zeg Roos, jij trekt toch geen partij voor Jampot, hè? Wou je soms overlopen? Wil je liever háár vriendinnetje zijn?'
'Nee, natuurlijk niet!' antwoordt Roos geschrokken. 'Ik ben jouw vriendin.'
'Ik geloof je niet,' zegt Sascha. 'Je moet het bewijzen!'
'Bewijzen?' Rosa voelt een steek van zenuwen door haar buik gaan. 'Wat?'
'Dat je aan mijn kant staat!'
'Hoezo moet ik dat bewijzen? Ik ben al eeuwen je vriendin, Sas.'
'Ja, maar nu wij groot worden, verandert alles,' antwoordt Sascha. 'Je moet een test doen. Ik zal erover nadenken en als ik het weet, zal ik het je vertellen.'

Jonas de Leeuw

Van:	Rosa van Dijk <rosa_vandijk@hotmail.com>
Aan:	Jonas de Leeuw <jdl@xs22.nl>
Verzonden:	2 oktober 22.17
Onderwerp:	allemaal pnieuws van prosa

Ha die Jonas,

Het P-nieuws van vandaag:
Pukkels: 7 pukkels op voorhoofd
Problemen: genoeg
Pesthumeur: yes
Nog meer P's die bij de puberteit horen:
Proefwerken: Engels (6,2)
Poen: op

Het is al kwart over tien en ik kan niet slapen. Daarom ga ik jou maar even schrijven.
We hebben al een hele tijd niet meer gemeeld, hè? Ik had het ook zo druk op school. Ik heb al hartstikke veel huiswerk (of ik doe er te lang over. Nog erger: veel huiswerk én ik doe er te lang over). Ik heb nauwelijks tijd om te spelen. Zielig, hè? Kindermishandeling. Ik ben pas dertien en ik werk me al helemaal suf! Geniet maar van je kindertijd, Jonas! (Haha, grapje.)
Hoe is het met je oosterse prinses? Hebben jullie al verkering? Wanneer gaan jullie trouwen? Ik word trouwens gek van dat verkeringgedoe. In mijn klas heeft zo'n beetje iedereen wat met iedereen. En dat duurt dan twee dagen en vervolgens hebben ze weer een ander. Dat is toch geen Echte Liefde?
Misschien ben ik wel abnormaal, dat kan ook. Niemand is trouwens op mij. Maar dat vind ik dus niet erg.
Vind jij dat ik er kinderachtig uitzie? Of misschien te dik? Behalve het huiswerk is het redelijk leuk in de brugklas. Ik begin al te wennen. Soms worden we geplaagd door grotere

kinderen, maar dat valt best mee. Gisteren bijvoorbeeld liepen we met een stel door de gang en toen begon een stelletje tweedeklassers die daar stonden heel hard te zoemen. Zo van: bzzzzzzz, bzzzzzzz. Op een spottend toontje. Eerst snapten we er niks van, maar toen bedacht ik dat ze dat deden omdat wij brugmuggen zijn. Haha, reuzegrappig. De volgende keer als ik die kinderen zie, ga ik gewoon heel hard lopen piepen. (Brugpiepers.) Dan ben ik ze voor.
Ze hebben ook een keer Lidwien boven op de kluisjes gezet. Toen durfde ze er niet meer af (ze deed maar net alsof, hoor). Dat was wel lachen.
Ik blijf meestal bij Sascha in de buurt, want die heeft zo'n grote mond, haar durven ze niks te doen. Laatst was ze heftig grof tegen Prittsema, onze biologieleraar. Die is trouwens heel aardig. Als we goed ons best doen, leest hij het laatste kwartier voor uit Edgar Allan Poe, dat zijn hartstikke gave griezelverhalen. En we mogen dan ook snoepen tijdens de les! Maar Sascha zei dus keihard, zodat hij het kon horen, dat hij een flikkersjaaltje om had. Toen vroeg hij haar wat er mis was met homo's. Toen mompelde ze iets wat ik niet kon verstaan, maar de hele klas moest lachen en toen vloog ze er natuurlijk uit. Ik weet niet eens wat ze ermee bedoelde, maar ik moest ook lachen. Ik vond het best zielig, want volgens mij vond Prittsema het naar wat ze zei. Ik zag het aan zijn ogen. Ze heeft al een waarschuwingsbrief van de conrector gehad, maar ze zegt dat ze hem verscheurd en weggegooid heeft. Sascha spijbelt ook wel eens. Dan gaat ze samen met Danny de stad in. Gisteren had ze opeens een nieuw horloge, zo'n coole G-shock, weet je wel! Hoe ze daar nou aan komt?
Verder nieuws: Alexander is al vier keer blijven slapen! Het is dus weer hartstikke aan met mama en hem. Getverjakkie, zondagochtend zat ik op de wc in de badkamer rustig de *Tina* te lezen en toen kwam hij in zijn nakie binnen! Hij heet niet voor niks Alexander Apenbil, want hij heeft overal haar! Zelfs op zijn rug! Over de rest zal ik maar niet spreken, ik durfde er niet naar te kijken. Maar hij vindt het blijkbaar heel normaal om in zijn blote pieliewielie rond te huppelen. Wat

mama daar nou in ziet? Jasses. Maar verder doet hij erg zijn best om aardig te zijn. Hij heeft gisteren mijn Frans overhoord, en toen begon hij ook over Corsica. Dat het daar zo leuk was en dat hij best nog eens met ons drietjes op vakantie wil. En dat hij zo blij is dat het weer aan is met mama. Klef! Nou, papa kan het dus wel vergeten. Hij komt trouwens morgen terug van vakantie, maar ik zie hem pas volgend weekeind. Hij heeft me een brief geschreven, maar ik kan hem niet lezen, hij schrijft zo kriebelig. En ik heb geen zin om mama de brief te laten voorlezen.

Nou, ik ga maar eens stoppen, want ik ben toch wel moe. Ik had vandaag vier vakken huiswerk. Geo (dat is aardrijkskunde), wiskunde (ik snap er nu al geen bal meer van), Engels en Nederlands (daar ben ik heel goed in. Ik denk dat ik later schrijfster word, maar dan niet voor een tijdschrift, zoals mijn moeder, maar van echte boeken. Als ik jou veel schrijf, is dat een goede oefening).

Meel je mij ook weer eens terug?

Roos

Survivaltip 8: Op school kun je je rugzak lichter maken door de boeken die je 's middags pas nodig hebt in je kluisje te stoppen. Dat scheelt voor je brugbochel. Zo'n kluisje kun je huren. Je moet wel zorgen dat je de sleutel ervan niet kwijtraakt. Je kunt er ook je gymspullen in stoppen, hoef je ze niet steeds mee naar huis te nemen (wel als ze gaan stinken).

Survivaltip 9: Over verliefd zijn:
Ik weet niks over verliefd zijn. Ik vind het altijd leuk als je gewoon met een jongen over alles kunt praten, net zoals met jou. Jij bent eigenlijk net een vriendin. Ik denk dat het belangrijk is dat je je bij iemand op je gemak voelt.

Survivaltip 10: Je moet niet te veel van dat plamuurspul op je pukkels smeren want dan kunnen ze niet meer ademen (haha, dat zegt mijn moeder) en dan gaan ze dus ontsteken. Volgens haar moet je gewoon je huid goed schoonhouden en niet aan de pukkels krabben, anders krijg je er steeds meer.

Survivaltip 11: Die avocado was niet zo'n goed idee (zie survivaltip 6.) Ik had het geprakt en op mijn gezicht gesmeerd, met honing erdoor (dat stond in de Yes). Zo ben ik in slaap gevallen. Toen ik wakker werd, zat ik met mijn haren en mijn wangen aan mijn kussen geplakt, en het duurde wel een halfuur eer ik mijn ogen open kreeg!

P.S. Ik kan niet slapen omdat ik zenuwachtig ben. Sascha wil dat ik een test doe, of zoiets, om te bewijzen dat ik nog haar beste vriendin ben. Ik voel me eigenlijk helemaal niet bij haar op mijn gemak. Wil jij mijn beste vriendin zijn?

Groetjes R.

Rosa van Dijk

Van: Jonas de Leeuw <jdl@xs22.nl>
Aan: Rosa van Dijk <rosa_vandijk@hotmail.com>
Verzonden: 2 oktober 23.11
Onderwerp: P-prut

P-nieuws uit Limboland:
Pukkels: 0
Pesthumeur: ja
Problemen: 3

Ha die Roos,

Flits! Bijna meteen een meel terug! Jij slaapt nu waarschijnlijk al. Tenzij je nog steeds aan het huiswerk maken bent, maar dat zal wel niet.
Ik kan ook niet slapen. Ik lig ook alsmaar te woelen en met holle ogen in het duister van de sombere nacht te staren. (Ik denk ook dat ik schrijver word. Mensen met een gebroken hart schrijven het mooist, zegt mijn vader.)
Ik hoor definitief bij de P-club, ook al heb ik geen pukkels. Ik ben al twaalf en erg verliefd en daardoor heb ik nu een Pesthumeur en 3 Problemen.
Dit is er namelijk gebeurd. Het was twee dagen AAN! Ik had Menno een briefje gegeven, en die had het weer aan Ellen, de vriendin van Aisha, gegeven en die had het weer aan Aisha gegeven, als je het nog snapt, en daarop stond of ze verkering wou. En toen kreeg ik onder hoofdrekenen een briefje terug waarop stond: JA. Met een rood hartje en de letters J A erbij (J A, Jonas-Aisha, snap je 'm? Zelfs onze namen passen bij elkaar!).
Ik hartstikke superblij natuurlijk. Ik heb twee dagen rondgehuppeld als een lammetje zo blij, in de malse lentewei. (Dichterlijk, hè?) Ik heb zelfs 1 keer haar hand 3 seconden vastgehouden, toen we naar gym liepen. Daarna was ik zo in

de war dat ik uit de touwen gevallen ben en mijn enkel verstuikt heb.

Nou, nu komt probleem 1 in verband met het pesthumeur. Vanmorgen stond ik bij de wc's te wachten op Aisha, om samen onze beugel te poetsen, zoals we elke dag doen. Ze kwam maar niet, en toen probeerde ik uit op de spiegel hoe het eruit zou zien als ik iemand zoende (haar dus). Zo met mijn ogen halfdicht en mijn mond open en mijn tong buitenboord. Terwijl ik zachtjes kreunde: 'Ooooo, Aisha... liefje, schatje...' hoorde ik opeens een enorm geproest en gegiechel en toen bleek dat Aisha, met twee vriendinnen, de hele tijd in de deuropening had staan kijken! Ze lagen totaal kreupel van het lachen. Een meisje moest zelfs keihard naar de plee rennen omdat ze het in haar broek deed! Nou leuk! Wat een gruwelijke vernedering. Ik natuurlijk een kop als een biet. Ik bracht er nog net stotterend uit dat er een korst brood tussen mijn beugel vastzat, voor ik er als een haas vandoor ging. Zonder te poetsen. De tandarts zei dat ik altijd goed moest poetsen dus nu rotten ook nog mijn tanden weg in mijn mond (probleem 2).

IK BEN AFGEGAAN ALS EEN GIETER! IK SCHAAM ME DOOD!

Ik wil graag je beste vriendin zijn als je me maar vertelt wat ik moet doen. Nu durf ik Aisha en die meisjes en de hele klas niet meer aan te kijken, want ze hebben het natuurlijk meteen doorverteld (probleem 3). Iedereen vroeg de hele tijd of ik mijn korstje al gevonden had en dan sloegen ze dubbel van het lachen.

Ik denk dat ik morgen ziek ben, ik durf niet meer naar school. Misschien kan ik aan de juf vragen of ik een klas over mag slaan, dan ga ik nu ook naar de brugklas, ik ben slim genoeg. Ik haat het om een puber te zijn. Kun je ook weer terug naar niet-puber? Ontpuberen? De-puberiseren? Misschien heeft de huisarts hier een recept voor. Moet iedereen puber worden of kun je het overslaan? Eerst leek het me zo leuk.

Ik word nooit meer verliefd. Aisha was de grote liefde van mijn leven. En nu is het voorbij. Voor eeuwig.

Hoe moet je trouwens zoenen met twee beugels? Smaakt vast erg naar ijzer. Kloink kloink.
Het was toch al een onmogelijke liefde. Terwijl we juist zo gezellig samen poetsten en ik, zoals jij had gezegd, heel erg op mijn gemak met haar over van alles praatte.
Sorry dat ik het de hele tijd over mezelf heb. Puber zijn valt niet mee. Gelukkig heb ik jou nog.
Ik val om van de slaap, het is bijna twaalf uur.

Droevige groeten van je beste vriendin Jonas

P.S. Ik vind je helemaal niet kinderachtig. Hoe kom je daarbij? Ik ben kinderachtig. Ooo, kon ik de tijd maar terugdraaien, dan had ik mijn liefste weer terug.

Jonas de Leeuw

Van: Rosa van Dijk <rosa_vandijk@hotmail.com>
Aan: Jonas de Leeuw <jdl@xs22.nl>
Verzonden: 6 oktober 06.06
Onderwerp: Stress

Lieve Joon!

P-nieuws:

Pesthumeur: ja, alweer
Pukkels: 4 (waarvan een midden op neus en twee onder pony)
Proefwerk: 1. Frans, over vier uur
Paniekaanvallen: 2 (gisterenavond, om zeven uur en om half elf)
Problemen: Slaapgebrek. Te veel huiswerk. Sascha die me in de steek laat voor een geblondeerde plurk.

Sorryporry dat ik nu pas terugmeel, maar ik heb het zo ontzettend druk en ik ben 's avonds hartstikke moe. Ik heb het gevoel dat ik alleen maar huiswerk aan het maken ben. Ik kijk niet eens meer naar GTST! En nu kan ik niet meer meepraten op school. Ik sta voor paal.
Ik word er gek van. Ik heb straks mijn eerste proefwerk Frans en ik moet een heleboel woorden in mijn hoofd stampen en ik kan ze alsmaar niet onthouden. Ik heb gisteren tot half elf in bed geleerd en toen kon ik niet slapen omdat die stomme woorden allemaal door mijn hoofd spookten. En ik heb ook nog aardrijkskunde en levensbeschouwing en daar ben ik niet eens aan toegekomen! Help! Misschien kan ik dat straks in de pauze doen.
Ik ben vanmorgen maar vroeg opgestaan (05.15!) om verder te leren, want ik wil per se een voldoende halen. Frans is echt moeilijk, het lijkt nergens op. We hebben proefwerk vocabulaire van twee hoofdstukken en dat zijn wel vijftig woordjes en zinnetjes! Ieeeek! Ik heb net een kwartier voor

de spiegel gestaan om mijn pukkels te bestuderen en heb met mezelf afgesproken dat ik om 06.00 begin, dus ik kan jou nog gauw even schrijven.

Hoe is het nou op school? Ja, het is vreselijk om uitgelachen te worden. Maar mama zegt altijd dat als je reageert, dat extra leuk is voor de kinderen, je kunt dus beter niet reageren en gewoon gewoon doen. Je moet je er niks van aantrekken. Nou ja, makkelijker gezegd dan gedaan. Ik zit nog steeds op die stomme test van Sascha te wachten. Ze heeft het te druk met Danny af te lebberen. Gisteren heeft ze met gymnastiek alweer gespijbeld!
Help! Het is 06.03!
Nou, toedeloei, ik ga gauw leren.

P.S. Ik ben heel blij dat je mijn beste vriendin wilt zijn. Heb ik tenminste nog wat. Zal ik je dan maar Jonalientje noemen? Of Jonaliesje? Of Jonafientje? Wat vind je het leukst?

De truc

Rosa drukt op verzenden en zet de computer uit. Buiten is het nog donker. Ze hoort de brommer van de krantenbezorger langskomen en daarna is het weer stil. Ze voelt zich zielig. De hele wereld ligt nog lekker in bed te knorren en alleen zij is al op. Het is niet eerlijk. Ze pakt haar Franse boek en duikt ermee in bed. Rosa gaapt. Ze heeft het gevoel dat ze wel drie dagen zou kunnen slapen. Maar ze moet die woordjes erin stampen. Lundi is maandag. Mercredi is... donderdag, nee, fout! Woensdag! O, ze leert het nooit! Het is te veel. Opnieuw: la maison, het huis, la fenêtre, de... de deur?
Nee! Met een gil gooit Rosa het boek weg. Ze kan het niet! Ze is gewoon te dom! En bij aardrijkskunde krijgt ze vast een overhoring, en daar heeft ze nog helemaal geen tijd voor gehad, dus nog een onvoldoende! Rosa duwt haar gezicht in het kussen en begint te huilen.
Er wordt zachtjes op de deur geklopt. Dat zal mama wel zijn, die gaat natuurlijk mopperen over de troep en dat ze niet zo vroeg mag opstaan omdat ze haar slaap nodig heeft en...
De deur gaat voorzichtig open. Rosa trekt het dekbed over haar hoofd heen en begint nog harder te huilen. Maar het is mama niet, het is Alexander. Hij gaat naast haar zitten en klopt zachtjes op haar rug.
'Hé Roos, wat is er aan de hand? Ik moest plassen en toen hoorde ik zo'n lawaai. Ben je uit bed gevallen?'
'Nee, natuurlijk niet! Ga weg!' roept Rosa. 'Bemoei je er niet mee! Jij mag niet op mijn kamer komen!'
'Sssst,' doet Alexander. 'Je moeder slaapt nog.'
Rosa hoort hem opstaan en naar de deur lopen. Gelukkig, hij gaat weg. Rosa tilt haar hoofd op van het kussen. Shit, hij is er nog. In ieder geval loopt hij niet weer in zijn blootje, maar heeft hij de rode kamerjas van haar moeder aan. Zijn blonde haar piekt alle kanten op en hij ziet er heel slaperig uit. Alexander doet zachtjes de deur dicht en gaat op de stoel naast haar bureau zitten. Bewonderend strijkt hij over het toetsenbord van de computer.

'Mooi ding, zeg! Jij boft maar met zo'n moeder die je zo verwent. Een computer voor jou alleen!'
'Het is haar afgedankte computer, hoor. Ga nou weheg!' roept Rosa gesmoord.
Alexander raapt het Franse boek op dat aan zijn voeten ligt en bladert erin.
Hij grinnikt. 'Ha! Frans was vroeger mijn lievelingsvak. Ik heb na school ook nog een jaar in Parijs gewoond. Dat was een geweldige tijd!'
Rosa komt met roodbehuilde, dikke ogen overeind.
'Fijn voor je. Ga nou van mijn kamer af. Ik heb het druk!'
Alexander begint te lachen. 'Heb je het druk? Zo vroeg al? Waarmee dan?'
Ze springt op en rukt het boek uit zijn handen.
'Hiermee. Ik heb een stom kloteproefwerk Frans, ik leer me kapot en het lukt niet!'
'Misschien kan ik je helpen?'
'Hoe kun jij mij nou helpen? Ik moet die stomme woorden gewoon in mijn hoofd zien te krijgen, dat kun jij toch niet voor mij doen.'
Alexander trekt nog een stoel naast het bureau en klopt er uitnodigend op. 'Kom eens zitten. Ik kan je wel leren hóé je moet leren. Woordjes stampen is niet zo moeilijk, als je maar weet hoe je het moet doen!'
Rosa kijkt hem ongelovig aan. Alexander lacht.
'Echt waar! Ik zal je een trucje leren. Le truc d'Alexandre!'
Rosa aarzelt. Leren hoe je moet leren?
Ze zucht en gaat naast Alexander zitten. 'Nou, oké dan maar,' zegt ze met een grafstem.

Het eerste uur heeft ze meteen Frans. Rosa is niet eens zo zenuwachtig. Alexander heeft haar tot half acht geholpen en toen kende ze het. Dat trucje van hem werkte echt! Gretig bekijkt ze de vragen. Makkie! Heeft ze zich daar nou zo druk over gemaakt? Ze buigt zich over haar proefwerkblaadje heen en begint ijverig te pennen.
Naast zich hoort ze Sascha zuchten. Alleen bij Frans zitten ze nog naast elkaar. Ze gluurt opzij naar haar vriendin. Sascha heeft

donkere kringen onder haar ogen en haar witte pieken zitten vol met gel, zodat ze stijf omhoogstaan. Ze trekt een gezicht en rolt met haar ogen. Dan haalt ze haar schouders op en wijst naar haar papier, waar nog niks op staat. Rosa durft niet te reageren, want de leraar loopt tussen de rijen door.

Na een minuut of tien heeft ze bijna alle vragen al ingevuld. Dan voelt ze opeens Sascha aan haar mouw trekken.

'Haal die arm eens weg, egoïst, hou het niet allemaal voor jezelf!' Rosa leunt achterover en werpt een schichtige blik op de leraar, die net weer achter zijn bureau gaat zitten en een krant uit zijn tas haalt. Ze krijgt het er benauwd van. Als ze gesnapt worden, wat dan? Wanneer ze op de basisschool betrapt werden met spieken, maakte de juf er vaak een grapje van. Ze zag alles. 'Jammer Dirk,' zei ze dan, 'leuk geprobeerd! Je zult toch wel iets eerder uit je bed moeten komen om mij voor de gek te houden. Geef dat papiertje maar hier.' En dat was het dan. Maar hier? Naar de conrector? Strafwerk? Misschien zelfs wel van school gestuurd?

Sascha zit haar antwoorden razendsnel over te schrijven. De leraar buigt zich over zijn krant en werpt zo nu en dan een blik op de doodstille klas.

'Draai je papier eens naar mij toe, ik kan het niet lezen,' fluistert Sascha.

Rosa schrikt ervan, Sascha's stem klinkt duidelijk hoorbaar door het stille lokaal. De leraar slaat ritselend een pagina van zijn krant om en kijkt niet op. Pfoei! Mazzel!

Esther, die verderop zit, kijkt verschrikt naar Sascha. Sssssjtt, doet ze heel zachtjes met haar vinger voor haar lippen en ze werpt een waarschuwende blik naar de leraar.

Sascha steekt met een uitdagend gezicht haar middelvinger op en steekt haar tong uit. Achter hen beginnen een paar kinderen zachtjes te lachen. Esther krijgt een kleur.

'Wat is er aan de hand?' vraagt de leraar plotseling. Hij zet zijn leesbril af en kijkt hen vragend aan.

'Uuuh, niks meneer...' antwoordt Sascha met een onschuldig gezicht. 'Of wel eigenlijk...'

Ze wijst naar Esther. 'Zij probeerde bij me af te kijken, meneer.'

'Ooo, dat is niet waar!' zegt Esther verontwaardigd en ze kijkt hulpzoekend naar Rosa. Rosa bloost en slaat haar ogen neer.

'Dat is niet waar, meneer! Ik heb niet afgekeken!'
'Wel waar,' zegt Sascha uitdagend. 'Jij zat te spieken!'
Rosa ziet dat Esthers ogen zich met tranen vullen. Zou ze Sascha verraden? Maar Esther buigt zich over haar papier heen en houdt haar mond.
'Afkijken, van zo'n afstand?' vraagt de leraar verbaasd. 'Dan moet ze wel heel goede ogen hebben.'
'Ze heeft een heel goede bril! Die is speciaal om op afstand te kunnen spieken!' flapt Sascha eruit. De klas barst in lachen uit.
'Hé Jampotje! Mag ik hem ook eens lenen?' roept Danny van achter uit de klas.
'Kom, kom, jongelui!' De leraar klapt in zijn handen om de klas tot stilte te manen. 'Nog vijf minuten en dan inleveren. En voor alle duidelijkheid: spieken is er hier op de middelbare school niet bij. Wie ik betrap, krijgt twee punten minder. Esther, geef je blaadje maar even hier.'
'M... maar ik heb eerlijk waar niet gespiekt, meneer!' stottert Esther.
Rosa kijkt met een verontwaardigde blik naar Sascha. 'Zeg nou wat!' fluistert ze. Maar Sascha schudt haar hoofd en legt met een dreigende blik haar vinger op haar lippen.

Een jampotje met tranen

Het is middagpauze en Rosa staat met Lidwien tegen de muur geleund. Ze heeft voor hen allebei een gevulde koek gekocht. Rosa is verslaafd aan gevulde koeken en pennywafels.
Ze staan vaak met zijn tweetjes, sinds Sascha met Danny is. Vriendschap gesloten met anderen hebben ze nog niet. Lidwien is er te verlegen voor en zij eigenlijk ook.
Esther zit op de bank onder de grote boom, die al een beetje roodbruin begint te kleuren. Ze leest in haar boek en kijkt niet op of om. Ze heeft een paarsgebloemd jasje en een wijde, lichtblauwe broek aan. Naast haar op de grond staat een vrolijk gekleurde rugzak. Ook zelfgemaakt, zo te zien. Best grappig, vindt Rosa. Een eindje verderop staat Sascha bij de fietsenstalling met haar armen om Danny heen, met twee jongens uit de tweede klas te praten. Rosa ziet dat een van hen stiekem een sjekkie rookt. Alleen kinderen uit de hoogste klassen mogen roken op het schoolplein, voor kinderen uit de onderbouw is het streng verboden.
Sascha lacht schel en hard. Rosa ziet dat ze de sigaret van de jongen overpakt en snel een trekje neemt. Jasses, dat ze dat lekker vindt. Gewoon stoer doen, dat is het.
Lidwien stopt het laatste stukje van de koek in haar mond. Ze heeft niks gezien.
'Mmm, lekker. Dank je wel, Roos. Zo gaat je zakgeld wel snel op. Als ik eens geld heb, koop ik ook wat voor jou, hoor.'
Haar blik valt op Esther. 'Net goed voor dat stomme kind, hè?'
'Voor wie? Wat?'
'Voor Jampotje. Dat ze twee punten minder kreeg. Heb je gezien hoe snel ze huilt? Wat een papkind! Een jampotje vol met tranen is ze.'
'Ik vond het eerlijk gezegd nogal gemeen van Sas. Zij zat bij míj af te kijken. Ze heeft alles van me overgeschreven!'
Lidwien haalt haar schouders op. 'Toch net goed. Moet ze zich maar niet zo aanstellen. Heb je die maffe rugzak gezien? Absoluut niet cool. Alles moet ze anders hebben.'

Ze strijkt nadenkend door haar bruine haar. 'Wat denk je, Roos, zal ik mijn haar ook wit maken? Ik vind het wel gaaf, jij niet?'
'Je laat het!' antwoordt Rosa fel. 'En dan zeker ook een grote ring door je neus net als een koe! Je bent toch wel goed bij je hoofd, hè?'
Lidwien kijkt haar verbaasd aan. 'Nou zeg! Wat is er met jou aan de hand? Met je verkeerde been uit bed gestapt of zo?'

Jonas de Leeuw

Van: Rosa van Dijk <rosa_vandijk@hotmail.com>
Aan: Jonas de Leeuw <jdl@xs22.nl>
Verzonden: 6 oktober 19.02
Onderwerp: top-tips

Lieve Jonalientje,

Het proefwerk ging best goed! Het was helemaal niet moeilijk, dankzij Alexander, die me vanmorgen geholpen heeft. Hij is toch best aardig. Er gebeurde wel iets heel naars tijdens het proefwerk. Sascha zat alles van mij over te schrijven en toen gaf ze Esther de schuld en die kreeg twee punten minder!
Hier komen drie belangrijke tips over huiswerk.

Survivaltip 12: Als je veel woordjes uit je hoofd moet leren, moet je ze niet allemaal tegelijk doen. Maar blokje voor blokje. Bijvoorbeeld: eerst de eerste vijf. Als je die kent, doe je er nog vijf bij. Dan probeer je of je ze alle tien kent. Dan weer de vijf volgende. Als je die uit je hoofd kent, probeer je of je ze alle vijftien kent, en zo ga je door. En op het laatst vraag je of je moeder of vader je wil overhoren. Of de vriend van je moeder dus.
Ik probeerde eerst alles tegelijk te doen en dan wordt het een grote brij in je hoofd. En je moet alles ook steeds opschrijven, dat helpt. Vooral met Frans, want dat schrijf je heel anders dan dat je het uitspreekt. Met allerlei streepjes en accenten en zo. Maar als het eenmaal lukt, is het hartstikke leuk! Ik ben benieuwd wat ik voor mijn proefwerk heb!

Survivaltip 13: Als je iets van je huiswerk niet meteen snapt, moet je er niet te veel tijd aan besteden, maar kun je beter eerst ander huiswerk afmaken, en het dan opnieuw proberen. Anders kost het veel te veel tijd en krijg je de rest niet af.

Survivaltip 14: Als je uit school komt, kun je het best eerst een uurtje ontspannen en daarna aan je huiswerk beginnen. Als je pas na het eten begint, ben je te moe en dan lukt het niet meer.

(Geheime) Survivaltip 15: Spiek-tips! (van Anneke gekregen, de oudere zus van Lidwien)
Methode 1: schrijf de moeilijke dingen die je niet kunt onthouden op een piepklein briefje en plak dat op je arm, onder je mouw. Of op je been als je een rok of een korte broek aanhebt. Als de leraar je dreigt te snappen moet je het gauw opeten (haha).

Methode 2: Plak dat briefje onder de zool van je schoen. (Nadeel: moet je je wel in rare bochten wringen om het te lezen. Is meer iets voor slangenmensen. En je moet schuifelen als je tijdens het proefwerk door de klas moet lopen.)

Methode 3: Stop het briefje in je etui. (Gevaarlijk, bekende truc.)

Methode 4: Schrijf het in geheimtaal. Als de leraar je snapt, kan hij het toch niet lezen. (Is wel extra leerwerk en dat was nu juist niet de bedoeling.)

Methode 5: Plak het aan de achterkant van je horloge.

Maar... het is niet mijn schuld als je gesnapt wordt! Ik heb gehoord dat sommige leraren ook gewoon een 1 geven!!

Hoe is het met Aisha? En het lammetje in de wei? En de korst brood? Meel me gauw!

Roos

Zwarte nagellak

Rosa stormt de keuken binnen. 'Maaam... waar is dat blauwe bloesje gebleven?'
Als ze haar moeder en Alexander in een innige omhelzing naast het aanrecht ziet staan, staat ze stil. 'Hè mam, jasses, hou op met dat kleffe gedoe!'
Rosa's moeder maakt zich los en zegt stralend: 'Goedemorgen, schat. Lekker geslapen?'
Rosa gaat met een nukkig gezicht aan de ontbijttafel zitten. 'Moet dat nou, dat gesmak de hele tijd? Kunnen jullie dat niet doen als ik er niet bij ben?'
'Je was er niet bij, krullenbol,' zegt Alexander lachend en hij strijkt met zijn hand door haar ongekamde haar. 'En bovendien, ik ben dol op je moeder, dat hoef ik toch niet te verbergen?'
Rosa duwt hem boos weg. 'Klef!' zegt ze nog eens met een vies gezicht. 'Bah, oude mensen die elkaar staan af te lebberen, en dat ook nog 's morgens vroeg!'
Rosa's moeder barst in lachen uit. 'Oude mensen? Roos, wat zeg je nou? Vind je achtendertig oud?'
'En ik dan? Ik ben pas zeventien,' vraagt Alexander met een serieus gezicht. Hij schenkt iedereen een kop thee in.
'Haha, ik dacht dat je in de negentig was en ontsnapt uit het bejaardentehuis,' antwoordt Rosa. 'Bah, bejaardenseks,' mompelt ze erachteraan.
Alexander doet net alsof hij het niet hoort en smeert een beschuit. 'Heb jij eigenlijk een vriendje, Roos?'
'Pfff! Natuurlijk niet. Stom gedoe. Ik moet er niet aan denken!'
Rosa strooit zoveel hagelslag op haar boterham dat het er van alle kanten af valt als ze een hap neemt.
'Zeg Roosje, hoe vaak moet ik dat nog zeggen: niet zoveel!' zegt haar moeder.
'Hè mam, hou toch eens op met me te betuttelen. Ik mag toch zeker zelf weten hoeveel ik erop doe? Heb je wel eens naar jezelf gekeken, hoeveel jij erop doet? Daar is dit nog niks bij!'
De ogen van Rosa's moeder glinsteren boos en ze doet haar

mond open om iets terug te zeggen. Alexander legt een hand op haar arm en zegt. 'Nou, nou, juffie, niet zo brutaal tegen je moeder!'
'Bemoei je er niet mee! Jij bent mijn vader niet! En, mam, ik heb ook nieuwe schoenen nodig,' gaat Rosa in één adem door. 'Ik wil van die gympen met plateauzolen, net zoals Sascha heeft. Deze kunnen echt niet meer.' Ze steekt haar afgetrapte Nikes boven tafel.
Rosa's moeder duwt haar been naar beneden. 'Maar die zijn net nieuw! Je hebt ze pas een maand, Roos. Weet je nog wat ze gekost hebben? Je hebt helemaal geen schoenen nodig!'
Rosa propt de rest van haar boterham naar binnen. 'Ik loopf er foor gek mee!' roept ze met volle mond. De broodkruimels en de hagelslag vliegen in het rond. 'Harpfsikke foor gek! Ik moet nieuwe!'
Rosa's moeder kijkt haar waarschuwend aan. 'Jij moet niks, dame. Met je mond dicht eten, dat moet je. Je hebt drie paar schoenen en dat vind ik wel genoeg.'
Rosa springt zo wild overeind dat haar stoel omvalt. 'Drie paar, en jij dan? Jij hebt wel twintig paar! Maar daar heb ik zeker weer niks mee te maken, hè? Gierige krent! Je behandelt me als een klein kind en ik heb niks te vertellen! En je zit alsmaar met die apenbil te smakken en je hebt nooit tijd voor mij!'
Met een klap gooit Rosa de deur achter zich dicht en ze rent naar boven, naar haar moeders kamer. Daar haalt ze alle schoenen uit de kast en zet ze in een lange rij boven aan de trap neer. Achttien paar! Ze zat er niet ver naast. Dat zal haar moeder leren.

'Wat is er, Roos? Je trekt al de hele dag een gezicht als een oorwurm.'
Het is middagpauze en Rosa staat bij Sascha en Danny en een paar jongens uit de derde klas. Ze voelt zich niet erg op haar gemak, maar Lidwien is ziek, en anders zou ze alleen staan.
Sascha neemt een lange haal van een sjekkie en blaast met dichtgeknepen ogen de rook in Rosa's gezicht.
'Uche uche, bah!' hoest Rosa en ze wappert de rook weg.
'Oorwurmen hebben geen gezichten. Je mag niet roken op het schoolplein, dat weet je toch wel?'

'Lekker belangrijk,' antwoordt Sascha. 'Kan mij wat schelen. Die sufferds zien het toch niet. Nou, vertel op, waarom kijk je zo chagrijnig?'
Rosa kijkt de andere kant op. 'Ach niks,' zegt ze nors. 'Weer eens ruzie met mijn moeder.'
Danny geeft haar een klap op de rug. 'Ach meid, wat geeft dat. We hebben die ouwelui toch niet meer nodig. Je bent toch geen peutertje met een luier meer?'
'Noooou?' zegt Sascha op plagende toon. 'Ons brave Roosje misschien nog wel, hè?'
Ze geeft Rosa een duw. 'Hé Roos, ga je vanmiddag mee naar de stad?'
'Ik moet huiswerk maken, we hebben hartstikke veel opgekregen voor morgen,' mompelt Rosa.
'Ons Roosje is ook al een studiebolletje aan het worden,' grinnikt Sascha. 'Maar dat is geen probleem, hoor, ik bedoel niet om drie uur, ik bedoel dadelijk.'
Rosa kijkt haar met grote ogen aan. 'Ga je weer spijbelen? We hebben nog twee uur tekenen!'
'Tekenen, dat is toch totaal onbelangrijk!'
'Ik vind het toevallig leuk!' zegt Rosa.
'Hé toe, ga mee. Eén keertje kan toch geen kwaad? Gaan we lekker met zijn tweetjes en ik trakteer op een frietje, goed?'
'Hé, hé, en ik dan?' vraagt Danny beledigd.
'Kom op, Danny, meisjes onder elkaar, dat moet ook kunnen.' Sascha geeft Rosa een knipoog.
Rosa denkt na. Ze vindt het niet leuk dat Sascha haar een kinderachtig watje vindt en ze heeft eigenlijk best zin om de stad in te gaan. Ze is al heel lang niet meer met Sascha alleen geweest. En dan kan ze ook mooi even naar plateaugympen kijken. Sascha heeft zo'n goede smaak, die kan dan mooi adviseren.
'Maar... wat moet ik dan zeggen waar ik was?'
'Ik schrijf wel een briefje, merkt niemand,' zegt Sas stoer en ze neemt nog een trek van haar sigaret.
'Merkt niemand?' vraagt opeens een zware stem vlak achter hen. 'Merkt wel iemand, juffrouw Jansen! Het is voor brugklassers verboden om op het plein te roken!'
Sascha maakt een luchtsprong van schrik, gooit gauw de sigaret

weg en draait zich geschrokken om. Het is Prittsema.
'Ik uuuh, ikke...' stottert Sascha met een rood gezicht.
'Nee, nee, geen smoesjes, jongedame. Ik heb het duidelijk gezien.'
Hij richt zich tot Danny. 'En jou, meneer De Koning, heb ik ook al meerdere malen met een sigaret op het schoolplein gezien. Geef dat pakje maar hier.'
Ritsema trekt het pakje shag uit Danny's borstzak. 'Dit is jullie eerste en laatste waarschuwing, jongens, anders moet ik maatregelen nemen.'
Hij draait zich om en loopt met grote stappen in de richting van het hoofdgebouw, met zijn hoed schuin op zijn hoofd en zijn rode sjaaltje achter zich aan wapperend.
'Pfff, en nou gaat hij het zeker zelf lekker oproken,' zegt Sascha luid. 'Arme brugmuggetjes bestelen, durft-ie wel!'

Rosa en Sascha staan op de make-upafdeling van het warenhuis. Sascha kijkt met begerige ogen rond. Ze doet een doosje paarse oogschaduw open en smeert het voor een spiegel op haar ogen.
'Mag dat wel?' vraagt Rosa.
'Ja tuurlijk, het is toch een tester. Staat het?' Sascha knippert met haar ogen en glimlacht verleidelijk.
'Mmmm, het gaat. Er zit al groen en beige onder. Ziet er een beetje raar uit.'
'Wauw,' zegt Sascha. 'Hier zou ik 's avonds wel per ongeluk opgesloten willen worden, zodat ik lekker álles kon uitproberen!'
'Ik snap niet wat je eraan vindt, al die domme verfspullen,' zegt Rosa en ze trekt haar vriendin aan de mouw. 'Kom op, Sas, scheur je los. We staan hier al een kwartier, we zouden toch naar schoenen gaan kijken?'
Sascha antwoordt niet. Ze pakt een flesje zwarte nagellak uit de display.
'Waaaauw, cool hé! Wat een gaaf kleurtje, dat zou ik best willen hebben!' Dan kijkt ze spiedend om zich heen en stopt het potje vliegensvlug in haar jaszak.
Rosa verbleekt. Het zweet breekt haar uit en ze voelt dat haar hart opeens heel snel begint te bonzen. Ze weet niet hoe vlug ze de winkel uit moet komen.

'Ben je nou helemaal maf geworden!' roept ze als ze buiten zijn. 'Idioot! Halve zool! Je had wel gepakt kunnen worden!'
Sascha haalt met een brede grijns het flesje tevoorschijn en bekijkt het trots. 'Hartstikke duur merk,' zegt ze tevreden. 'Kost acht vijfennegentig.'
Met haar lange nagels pulkt ze het prijsje eraf.
Rosa staart haar ontzet aan. 'Sascha, je bent een dief!'
Sascha kijkt haar met grote, onschuldige ogen aan.
'Ja duuuh! Schreeuw nog een beetje harder, dan weet iedereen het.'
Rosa slaat met een rood gezicht haar hand voor de mond en kijkt om zich heen. Gelukkig, niemand kijkt naar hen.
'Heilig boontje,' zegt Sas. 'Pik jij nooit eens iets? Dat doet toch iedereen?'
Ze houdt haar horloge voor Rosa's neus. 'Hoe dacht je dat ik hieraan kwam?'
'Je bent getikt!' zegt Rosa en ze loopt met boze stappen in de richting van hun fietsen.
Sascha rent haar achterna. 'Hé, ho eens. Je gaat me toch niet verlinken, hè?'
Rosa schudt boos haar hoofd en probeert door te lopen. Sascha gaat voor haar staan.
'Laat me erdoor, ik wil naar huis.' Rosa doet een stap opzij en probeert door te lopen.
Maar Sascha houdt haar weer tegen. 'Weet je nog van die test?' vraagt ze.
Rosa kijkt haar met een angstig voorgevoel aan. 'Welke test?'
'Die test of je nog wel mijn beste vriendin bent... Die moet je nu doen.'
'Nu?' vraagt Rosa. 'Ik heb geen zin in spelletjes nu.'
'Het is geen spelletje,' zegt Sascha. 'Het is bittere ernst. Anders ben ik je vriendin niet meer en dan zoek je het maar uit.'
'Nou, wat is het dan?' vraagt Rosa met tegenzin.
Sascha kijkt haar nadenkend aan.
'Jij... jij moet die zwarte lippenstift jatten die erbij hoort...'

Jonas de Leeuw

Van:	Rosa van Dijk <rosa_vandijk@hotmail.com>
Aan:	Jonas de Leeuw <jdl@xs22.nl>
Verzonden:	7 oktober 10.25
Onderwerp:	zwart gat

Lig ziek in bed. Mama is mij vergeten. Ruzie met iedereen. Het leven is een zwart gat. Ik wil dood.

Roos

Jonas de Leeuw

Van:	Rosa van Dijk <rosa_vandijk@hotmail.com>
Aan:	Jonas de Leeuw <jdl@xs22.nl>
Verzonden:	7 oktober 21.02
Onderwerp:	lichtgrijs gat

Zwart gat is lichtgrijs geworden. Papa is net op bezoek geweest. Hij zag er hartstikke goed en blij uit en hij had een heleboel cadeautjes meegebracht uit Madeira.
Cadeautjes (met punten erbij):

Een flesje bloemenparfum (7)
Een poppetje in klederdracht (6-)
Een enorme reep chocola (10+)
Een T-shirt met Madeira erop (7-)
Een fles madera (Wat moet ik daar nou mee?)

In de herfstvakantie ga ik bij hem logeren! Hij zegt dat hij een geweldige verrassing heeft! Ben benieuwd.
Voel me een stuk beter. Misschien morgen weer naar school.
Moet nu gaan slapen van stomme moeder.

Jonas de Leeuw

Van:	Rosa van Dijk <rosa_vandijk@hotmail.com>
Aan:	Jonas de Leeuw <jdl@xs22.nl>
Verzonden:	7 oktober 22.22
Onderwerp:	hbrffffn

Lfieffe Hjons,

Kun niet slwapennn. Heppp mederwa gproefd. Mmmm, us

heeeeeuel lekkur. Ben weer hlemaal frwolik.
Ajhumndju,

Rrozdsa

Jonas de Leeuw

Van:	Rosa van Dijk <rosa_vandijk@hotmail.com>
Aan:	Jonas de Leeuw <jdl@xs22.nl>
Verzonden:	8 oktober 14.02
Onderwerp:	baalbaal

Survivaltip 16: Drink geen madera, het is namelijk geen limonade!
Je wordt er ladderzat van!

Getverdemme zeg, ik ben nog nooit zo ziek geweest. Heb de hele ochtend liggen kotsen. En een koppijn, man, niet normaal! Nu gaat het weer wat beter en kan ik rechtop zitten zonder meteen groen te worden en naar de plee te rennen. In die madera zat dus hartstikke veel alcohol! Maar dat merkte ik niet, want het was heel zoet. Ik dacht dat het limonade was en heb bijna de halve fles leeggedronken. Het smaakte wel een beetje vreemd, maar niet vies!
Wie geeft zijn kind nou een fles drank cadeau! Mam zei dat het voor de show was, omdat het een specialiteit van Madeira is, en niet om op te drinken. Hoe kon ik dat nou weten?
Jij bent mijn beste vriendin, dus ik moet het maar tegen jou zeggen. Tegen mama durf ik het niet, die wordt vast hartstikke kwaad. Ik ben eigenlijk niet echt ziek, ik deed maar alsof omdat ik niet meer naar school durfde.
Weet je nog van die test van Sascha? Nou, die moest ik eergisteren dus doen. Ze wilde dat ik lippenstift pikte in een winkel! Dat heb ik dus niet gedaan. Toen werd ze hartstikke

woest en zei ze dat ik een slappeling en een watje was en zo. En toen kwam ik de volgende dag op school en toen werd ik door iedereen gepest. Niemand wilde bij mij staan en allemaal riepen ze van watje en tuthola en nog veel ergere dingen. Allemaal opgestookt door Sas natuurlijk.
Iemand heeft me ook laten struikelen zodat mijn tas in een regenplas terechtkwam. Esther wilde me helpen, maar ik zei dat het niet hoefde, anders werd alles alleen maar nog erger. Toen ben ik in de middagpauze naar huis gegaan en heb ik net gedaan of ik ziek was. Mama geloofde het gelukkig. Ik heb de thermometer opgeklopt (dat doe je door hem onder de warme kraan of tegen de verwarming te houden. Je moet wel opletten dat je de temperatuur niet te hoog maakt, want een keer stond hij op 42 graden en toen wilde mama een ambulance bellen).
Morgen moet ik weer naar school. Balen.
(Idee! Ik kan natuurlijk vanavond de andere helft van de fles madera opdrinken, dan heb ik morgen weer een kater en hoef ik niet naar school!)
Duim voor me.

Rosa

Rosa van Dijk

Van: Jonas de Leeuw <jdl@xs22.nl>
Aan: Rosa van Dijk <rosa_vandijk@hotmail.com>
Verzonden: 8 oktober 17.05
Onderwerp: twuttiefruttie

Ha die ouwe zatlap!

Ik moest erg lachen om je madera-meel.
Wat rot dat je op school gepest wordt! Trek je er niks van aan, misschien gaat het dan het snelst over. Volgens mij is die Sascha het trouwens helemaal niet waard om jouw vriendin te zijn. Wat een twut. (Wij zeggen hier in Limboland tegenwoordig alles met een w ertussen, krijgen we geen straf als we schelden. Een Twering Twakkewijf!) Ik snap niet waarom je zo graag vriendin met haar wilt zijn. Ik zou zeggen: 'Barst jij maar met je test.' Die Esther lijkt me veel
aardiger.
Ik pik wel eens een koekje of een snoepje, maar uit een winkel stelen vind ik wel erg, hoor. Goed dat je het niet gedaan hebt, Roos!
Verder heb ik ongelofelijk nieuws! Ik ben in sneltempo puber aan het worden! Het is echt ongelofelijk. Ik ben hele-

maal schor, dus ik denk dat ik de baard in de keel krijg! Ook heb ik opeens zeven puistjes op mijn gezicht! Ik word een MAN! Verder heb ik ook een beetje keelpijn, maar dat heeft niks met de puberteit te maken.
Groeten van je beste vriendin,

Jonemientje

Rosa van Dijk

Van:	Jonas de Leeuw <jdl@xs22.nl>
Aan:	Rosa van Dijk <rosa_vandijk@hotmail.com>
Verzonden:	9 oktober 07.46
Onderwerp:	PPPPPP-alarm!

Het gaat wel erg snel, hoor! Ik vraag me af of dit wel normaal is! Mijn stem is zwaar en raspend en toen ik wakker werd, had ik zesentwintig puistjes op mijn gezicht en in mijn hals! En erge keelpijn. Maar ik heb nog geen haar onder mijn armen en bij jeweetwel, daar heb ik net naar gekeken. Ik snap er niks van.
Nogmaals sterkte op school!

J.

Echt waar!

'Hé, ben je weer beter? Wat had je?' Esther zit achterstevoren op haar stoel en kijkt Rosa vanachter haar dikke brillenglazen vriendelijk aan. Ze heeft een felgekleurd, gebloemd hoofddoekje om en draagt een grappig, zwartgestreept hesje. Rosa bloost en kijkt schichtig achterom naar Sascha, maar die zit met een verveeld gezicht naar buiten te staren, terwijl ze een grote kauwgumbel blaast.
'Uuh... ik had griep. En misselijk en zo...'
'Gaat het nou weer goed dan?' vraagt Esther.
Rosa buigt zich gauw over haar wiskundeboek en trekt een nadenkend gezicht.
Esther haalt haar schouders op, draait zich om en begint sommen te maken.
Rosa durft niet met haar te praten, ook al zou ze het willen. Vanmorgen stonden Lidwien en Sascha niet op haar te wachten bij de speeltuin en is ze alleen naar school gefietst. Op het plein liepen de beide meisjes met een grote boog om haar heen en deden net alsof ze haar niet zagen, en in de kleine pauze stond ze de hele tijd alleen. Ze had het gevoel dat alle kinderen uit haar klas naar haar staarden en over haar aan het roddelen waren. Sascha en Lidwien waren nergens te bekennen. Op het laatst is ze maar op de wc gaan zitten.
Rosa heeft moeite om haar tranen binnen te houden. Hoe moet het nou verder? Over een kwartier is het grote pauze en wat moet ze dan doen? Weer alleen staan? En wie weet wat Sas nu weer gaat uithalen. Ze heeft buikpijn van de zenuwen. De cijfers en de tekeningen in haar boek dansen voor haar ogen. Ze snapt er helemaal niks van. Nog zeven opgaven, die krijgt ze nooit af. Plotseling voelt ze een duw in haar rug. Sascha loopt langs haar en gooit een briefje op haar tafel. Als ze de klas uit is, maakt Rosa het piepklein opgevouwen papiertje snel open.

Kom a.u.b. in de grote pauze naar de zolder.
S.

Ze vouwt het briefje verbaasd weer dicht. A.u.b.? Dat klinkt niet onvriendelijk. Rosa twijfelt. Aan de ene kant voelt ze er niks voor. De zolder is verboden gebied en ze zou niet graag weer gesnapt worden. Maar misschien wil Sascha het goedmaken. Ze besluit dat ze zal gaan. Erger kan het bijna niet worden.

Rosa staat in de gang en kijkt onzeker om zich heen. Was het nou die gang uit en dan naar boven, of meteen deze trap op?
'Hé Rosa, ben je de weg kwijt?'
Rosa schrikt. Ze had Ritsema niet horen aankomen.
'Nee, nee hoor, uuuh... ik heb een boek laten liggen bij scheikunde,' mompelt ze.
Ritsema kijkt haar onderzoekend aan. 'Gaat het wel goed met je, Rosa? Je ziet zo bleek vandaag.'
'Ik... ik heb griep gehad, meneer. Daardoor komt het misschien.'
Ritsema lacht vriendelijk. 'Niet weer ziek worden, dame. Anders kun je niet op het klassenfeest komen.'
'Klassenfeest?' vraagt Rosa verbaasd.
Ritsema zwaait zijn sjaal over zijn schouder. 'Hebben je vriendinnen je dat niet verteld? Over twee weken is er klassenfeest, bij mij thuis.'
'O, o ja, dat was ik even vergeten...' stottert Rosa. Ze draait zich om en loopt weg. Wat flauw dat niemand haar dat verteld heeft.
'Rosa!' roept Ritsema haar na.
Rosa draait zich met bonkend hart om. Als hij nou maar niet doorheeft dat ze iets anders van plan is.
'Rosa, als er iets is... ik ben je klassenmentor, weet je nog? Je kunt altijd met me praten, hoor.'
Rosa knikt en dwingt zichzelf tot een glimlach. 'Ja dat weet ik. Maar er is heus niks.'

Rosa klopt zachtjes op de deur van de zolder. Ze heeft klamme handen, merkt ze, en haar maag maakt salto's in haar buik. De deur gaat open en Sascha trekt haar naar binnen.
'Sufkip, ik dacht dat je niet durfde te komen...'
Rosa kijkt om zich heen. De zolder is schemerdonker en in een hoekje, bij een hoge stapel dozen, ziet ze Danny en Lidwien zitten. Ze snuift. Het ruikt naar sigarettenrook.

'Wat doen jullie hier nou?' vraagt ze met trillende stem. Sascha loopt naar Danny en Lidwien en ploft neer op een gammele stoel.
'We hebben ontdekt dat de sleutel er gewoon nog hing en nu is dit onze geheime ontmoetingsplek. We zitten hier elke pauze. Kunnen we tenminste ongestoord een sigaretje roken!'
'Rook jij ook al, Lidwien?' vraagt Rosa verbaasd.
Lidwien knikt. Met onhandige vingers steekt ze de sigaret tussen haar lippen en neemt een grote trek. Meteen daarna barst ze in een hoestbui uit. Danny klopt haar op de rug.
'Nog even oefenen, Wientje! Grote meid. Je leert het wel, hoor!'
Sascha pakt uit haar rugzak een pakje shag en houdt het Rosa voor. 'Wil jij er ook een draaien?'
Rosa schudt nee. Eigenlijk wil ze weg. Dit bevalt haar helemaal niet. En ze vindt Lidwien absoluut geen grote meid dat ze rookt. Eerder een slappe meeloper, maar ze houdt wijselijk haar mond dicht.
Danny geeft haar een knipoog en wijst met zijn duim naar een kast. 'Heb je onze magere vriend Hein al gezien? De broer van Prittsema? Hij past op de potjes!'
Rosa moet ondanks het feit dat ze zich helemaal niet op haar gemak voelt, toch lachen. Tegen een kast staat het geraamte, met een bottige arm gebogen, leunend op een plank. Tussen zijn grijnzende, gele tanden zit een sigaret geklemd.
'Ja precies, dat krijg je ervan als je te veel rookt!' flapt ze eruit.
'Hè mens, hou toch eens op met dat heilige-boontjesgedoe,' zegt Sascha. 'Je bent een zeurpiet. Alsof een paar sjekkies kwaad kunnen.' Ze draait met vlugge vingers een sigaret en steekt hem op. Haar nagels zijn pikzwart gelakt. Rosa slikt. Als Sascha maar niet weer begint over wat er in de stad gebeurd is. Ze kijkt naar Lidwien. Die zegt niks en bestudeert haar sigaret. Rosa ziet dat ze ook zwartgelakte nagels heeft.
'Nou, ik ga maar weer eens. Heel gezellig hier, maar de les begint zo weer. Hoor je de bel hier eigenlijk wel?'
Sascha barst in lachen uit. 'Kind, doe niet zo zenuwachtig. We hebben nog bijna tien minuten en dadelijk hebben we toch suffe gymnastiek. Ga zitten en relax.'
Rosa gaat met tegenzin op een doos zitten.

'Was je erg ziek?' vraagt Sascha.
Rosa trekt haar schouders op. 'Gaat wel.'
Ze vertrouwt Sas niet. Waarom doet ze opeens zo vriendelijk?
Ze friemelt aan een knoop van haar spijkerjasje.
'Waarom moest ik hier eigenlijk komen?'
Sascha grijnst naar Danny. 'Omdat ik het goed wil maken. Ik vond het toch wel een beetje zielig voor je, Roos, dat je zo alleen stond en zo. Dus heb ik samen met Dan en Lidwien een nieuwe test bedacht.'
Rosa springt overeind. 'Vergeet het maar,' zegt ze boos. 'Ik doe geen tests.'
'Wacht nou even,' zegt Sascha. 'Het is niet wat je denkt. Je hoeft niks te pikken of zo. Je moet er gewoon voor zorgen dat Esther morgen in de pauze ook hier komt.'
'Esther? Waarom dan? Je bent toch niet weer iets van plan, hè?'
'Nee, natuurlijk niet. Ik wil het juist uitpraten met haar. Het goedmaken, weet je wel.'
Rosa ontspant een beetje. 'Echt waar?' vraagt ze ongelovig.
Lidwien en Danny knikken ijverig ja.
'Écht waar!' zegt Sascha.

Jonas de Leeuw

Van:	Rosa van Dijk <rosa_vandijk@hotmail.com>
Aan:	Jonas de Leeuw <jdl@xs22.nl>
Verzonden:	9 oktober 20.14
Onderwerp:	P-plus nieuws aan Limbokije

Ha die Jonie-sperziebonie,

P-nieuws:
Puisten & pukkels: 2 (mini, bijna weg)
Pesthumeur: nee!
Problemen: nee!
Proefwerk: Frans 8+! yesss!

Zoals je ziet, gaat het goed vandaag. Ik heb het weer goedgemaakt met Sascha. Ze deed heel aardig en we zijn samen met Lidwien naar MCD geweest en Sas heeft getrakteerd. Danny mocht niet mee, want die deed de laatste tijd nogal klef, zei Sas. Veel leuker zonder hem. Mam is met Alexander uit en nu ben ik lekker alleen thuis. Voor het eerst! Ze wou eerst een oppas regelen, maar ik zei dat ik al groot genoeg ben om alleen te blijven. En dat vond ze goed! Nu heb ik lekker de muziek keihard aan. Ik heb Sascha opgebeld en dadelijk gaan we samen naar een griezelfilm voor zestien jaar en ouder kijken! Jippie! Eindelijk volwassen!
Groetjes van

Rosabolleboza

Jonas de Leeuw

Van: Rosa van Dijk <rosa_vandijk@hotmail.com>
Aan: Jonas de Leeuw <jdl@xs22.nl>
Verzonden: 9 oktober 22.52
Onderwerp: burp

Durf niet mijn bed in en het licht uit te doen. De griezelfilm was toch een beetje te eng. Heb alle lichten in huis aangedaan voor de zekerheid. Hoop dat mama gauw terugkomt. Ben nogal misselijk. Te veel chips, drop en pinda's gegeten. Sascha is vijf minuten geleden jodelend naar huis gefietst, nadat ze eerst de kapstok van de muur heeft getrokken en recht tegen het dichte tuinhekje aan is gereden, waardoor ze nu een slag in haar voorwiel heeft. Zij vond de madera ook heel lekker. Ik heb alleen maar een hele fles cassis en drie glazen cola gedronken. Burp.
Was erg gezellig.

R.

Jonas de Leeuw

Van:	Rosa van Dijk <rosa_vandijk@hotmail.com>
Aan:	Jonas de Leeuw <jdl@xs22.nl>
Verzonden:	9 oktober 23.07
Onderwerp:	help!

Lieve Joop,

Mama is nog niet thuis! Volgens mij heeft Alexander haar nek doorgezaagd met een kettingzaag en ligt ze ergens bloedend in een bosje. (Dat was dus in de griezelfilm.) Ben erg misselijk. Had die tweede zak pinda's beter kunnen laten liggen.

R.

Jonas de Leeuw

Van:	Rosa van Dijk <rosa_vandijk@hotmail.com>
Aan:	Jonas de Leeuw <jdl@xs22.nl>
Verzonden:	9 oktober 23.19
Onderwerp:	blurpbwlah!

Mama kwam net binnen toen ik stond over te geven in mijn wastafel, want ik durfde niet over de gang naar de wc. Is erg boos. Had niet eens medelijden met me. Moet weer een oppas voortaan. Welterusten.

RrrBrwrloep

Rosa van Dijk

Van: Jonas de Leeuw <jdl@xs22.nl>
Aan: Rosa van Dijk <rosa_vandijk@hotmail.com>
Verzonden: 10 oktober 08.01
Onderwerp: pokken

P-nieuws: Pokken!
Kwut! Het is niet de puberteit, maar de waterpokken. Een baby-ziekte nota bene!
Lig met bijna veertig koorts in bed. (Niet opgeklopt!)
Heb ik weer. Balen. Swit, swit!

J.
P.S. Ik heet geen Joop.

Vuur!

'Hoi Esther!'
Esther kijkt verbaasd van haar boek op als Rosa naast haar komt zitten. Rosa kijkt nieuwsgierig in het boek waarin ze zat te lezen.
'Kun jij noten lezen? Wat knap, dat kan ik niet.'
'Ja,' antwoordt Esther stug en ze buigt zich weer over het boek heen.
'Zit je op muziekles?' vraagt Rosa vriendelijk.
Esther duwt haar bril omhoog. 'Nee, jammer genoeg niet. Ik heb het mezelf geleerd.' Ze klapt het boek dicht en kijkt Rosa vragend aan. 'Mag je wel met mij praten? Krijg je het dan niet aan de stok met je vriendin?'
'Hoe kom je daar nou bij?'
'Nou, het is nogal duidelijk dat je bij haar onder de plak zit,' antwoordt Esther.
Rosa voelt dat ze een rood gezicht krijgt. Esther heeft eigenlijk gelijk. Ze zit onder de plak bij Sascha. Maar ze kijkt wel uit om het toe te geven.
'Ach, helemaal niet. Sas en ik zijn al beste vriendinnen sinds we tien zijn. Wil je een halve gevulde koek?'
Rosa haalt een koek uit haar zak, breekt hem doormidden en geeft de helft aan Esther.
Die kijkt haar niet-begrijpend aan. 'Ik snap het niet, hoor.'
Rosa strijkt zenuwachtig haar haar uit haar ogen. 'We willen het goedmaken,' zegt ze.
'Wie is we?' vraagt Esther achterdochtig.
'Nou, Sas, Lidwien en ik. We hebben een geheime ontmoetingsplek, op de zolder. Wil je mee daarnaartoe gaan?'
Esther haalt haar schouders op. 'Ik weet niet of ik het goed wil maken. Om eerlijk te zijn: ik vind jou best aardig, maar ik vertrouw die vriendin van je voor geen cent.'
'Ach, toe nou,' zegt Rosa en ze kijkt Esther smekend aan. 'Als je Sas wat beter kent, is ze heel tof, hoor. En Lidwien ook.'
Esther staart naar haar roze, fluwelen broek. 'Denk je dat ze echt

ophouden met pesten? Ook al doe ik niet zoals zij willen?'
Rosa knikt. 'Ik weet het zeker. Sas zei het en ik geloof haar.'

'Wat doen ze daar dan op zolder?' vraagt Esther als ze de trap opklimmen. 'We mochten daar toch niet meer komen? Streng verboden gebied, zei de conrector.'
Rosa aarzelt. 'Niemand merkt het. Ze kletsen er, enne... roken sjekkies, want dat mag niet op het schoolplein.'
'Bah, roken. Doe jij dat ook?'
Rosa trekt een vies gezicht. 'Nee, dat vind ik smerig. Bovendien heb ik een weddenschap dat ik niet rook tot mijn achttiende.'
Ze staan voor de deur van de zolder.
'Je weet toch wel zeker dat ze het meent, hè?' vraagt Esther onzeker. Ze wrijft over het litteken op haar hand. 'Ik heb niet zulke goede herinneringen aan deze plek!'
Rosa knikt. 'Ze meent het. En ik ook.'
'Goed, ik vertrouw je,' zegt Esther. 'Ik zal echt hartstikke blij zijn als jullie normaal tegen me doen.' En met een glimlach duwt ze de deur open.
Als Rosa de zolder op stapt, krijgt ze meteen het gevoel dat ze een vergissing heeft gemaakt. In plaats van het gebruikelijke lichtgrijze schemerlicht is het er pikdonker.
Ze ruikt een vage sigarettenlucht en achter op de zolder, tussen de kasten door, ziet ze een lichtpuntje gloeien.
'Sascha!' roept Rosa. 'We zijn er.'
'Doe de deur maar achter je dicht. Kom maar, we zitten hier,' hoort ze Sascha zeggen. Rosa duwt de deur dicht en loopt in de richting van het geluid. Esther volgt haar aarzelend. Opeens duikt er van links iemand op haar rug en ze ziet dat Esther ook van achteren wordt vastgegrepen.
'Hé, laat los!' roept Rosa geschrokken en ze probeert zich los te rukken.
Esther geeft een gil. 'Rosa, gemenerik!' schreeuwt ze met overslaande stem. 'Wat een misselijke rotstreek! Ik dacht dat ik je kon vertrouwen!'
'Ssst, maak niet zo'n herrie, Jampotje!' sist Danny dreigend.
Rosa knijpt haar ogen dicht. Het scherpe licht van een zaklamp verblindt haar. Haar armen worden op haar rug tegen elkaar

gedrukt door Sascha en naast zich hoort ze Lidwien zenuwachtig giechelen.

'Laat Rosa maar los, Sas, ze heeft haar werk gedaan!' zegt Danny op gebiedende toon. Hij houdt de lamp onder zijn kin. In zijn mondhoek hangt een sigaret en hij rolt met zijn ogen.

'Hallo, juffertje Jampot! Ons uitslovertje van de klas. Daar zijn we weer op de gruwelzolder van het Kamerlingh Onnes. Het is niet echt slim om twee keer in dezelfde val te trappen!'

Hij schijnt met de lamp recht in Esthers ogen.

'Laat me gaan, zak! Je krijgt gedonder met de conrector, als je dat maar weet!' Esther probeert Danny een schop te geven, maar hij springt achteruit.

'Ho, ho, Jampotje krijgt praatjes. Dat moet afgestraft worden! We hebben een leuke verrassing voor je. We zullen je voor eens en voor altijd opbergen waar je thuishoort. Klein aanstellertje! Sascha, open de kist!'

Danny pakt de armen van het tegenstribbelende meisje beet. Esther gilt. 'Au, zak! Je doet me pijn! Laat me los!'

'Pas op, mondje dicht! Anders duw ik mijn peuk in je haar!' sist Danny in haar oor.

Rosa staat verstijfd van schrik tegen een kast gedrukt.

'Hou op!' roept ze. 'Danny, laat haar los!'

Sascha pakt de lamp van Danny over en schijnt van haar gezicht naar een grote, lange kist die op de grond staat.

'Pas op, Roos, anders stoppen we jou erbij!'

Sascha bukt zich en tilt de deksel eraf. Rosa slaakt een kreet en slaat haar hand voor haar mond. De kist, die erg veel op een doodskist lijkt, is gevuld met houtkrullen en daartussen ligt een glimmend wit geraamte, met een brede grijns op zijn gezicht en holle zwarte ogen. 'Kijk, daar ligt je spiksplinternieuwe vriendje al op je te wachten!' zegt Danny en hij duwt Esther in de richting van de kist.

'Nee,' gilt Esther en ze probeert zich uit alle macht los te rukken. 'Laat me los!'

Maar Danny is een stuk sterker. Hij duwt haar op haar knieën voor de kist. Sascha staat ernaast met de deksel in haar hand.

'Heb je de spijkers en de hamer klaar, Lidwien?' vraagt ze met een brede grijns.

Danny bukt zich over de kist heen en probeert Esther erin te duwen. Esther spartelt wild tegen en geeft hem een schop tegen zijn been.

'Au, verdomme, rotkind!' roept Danny en zijn brandende peuk valt uit zijn mond. Dan bijt Esther hem zo hard als ze kan in zijn hand. Haar bril valt in de kist.

'Auuu! Kreng!' schreeuwt Danny en hij duwt haar van zich af. Esther geeft Sascha zo'n harde duw dat ze achterover tegen een stapel dozen aan valt. Dan rent ze in de richting van de deur.

'Je kunt toch niet weg!' roept Lidwien. 'Ik heb de sleutel!'

Het lijkt alsof Rosa nu pas wakker wordt uit een soort nachtmerrie-achtige bevriezing. Ze rent naar Lidwien toe en schudt haar door elkaar. 'Geef hier! Geef die sleutel hier!'

Maar Lidwien trekt zich los en rent weg. Rosa draait zich om. Ze ruikt een vreemde, vieze geur. Verstard van schrik wijst ze naar de kist.

'Het brandt!' gilt ze. 'Het geraamte, de kist staat in de fik!'

Met open mond kijken de vijf kinderen naar het geraamte, dat wel lijkt te bewegen tussen de knetterende vlammen in de houtwol. De ribben en botten kleuren één voor één bruin, dan zwart en zakken druipend in elkaar.

'Vuur! Wegwezen!' schreeuwt Danny in paniek. 'Moet je zien hoe snel het gaat! De kist brandt ook al!'

'Nee, gek! We kunnen niet weglopen, we moeten het blussen!' gilt Esther. 'Dadelijk vliegt de hele school in de fik!'

De vlammen grijpen razendsnel om zich heen en dikke zwarte rookwolken slaan uit de kist. Rosa ziet dat er vonken in het rond vliegen en ze springt achteruit. Haar ogen tranen zo dat ze bijna niks meer kan zien.

'We moeten hulp halen!' gilt Esther hoestend.

Opeens begint er een sirene te loeien.

'Rookdetectors!' roept Danny. 'We moeten maken dat we wegkomen, als ze ons hier betrappen, zijn we hartstikke nat! Geef de sleutel, Lidwien!'

'Ik kan hem niet vinden,' kucht Lidwien terwijl ze in haar tranende ogen wrijft.

Ze staat bij de deur en zoekt zenuwachtig in haar zakken. De zolder staat nu blauw van de rook.

Esther rukt aan Lidwiens arm. 'Schiet op, dadelijk stikken we!' gilt ze boven het geluid van de loeiende sirene uit. Rosa begint hard te huilen. Het vuur likt nu aan de ordners die in de kast naast de kist staan.

Dan wordt er opeens hard aan de deur gerammeld.

'Wat is hier aan de hand? Doe open!' schreeuwt een stem op de gang.

'Help! Er is hier brand!' gilt Esther. 'We krijgen de deur niet open!'

'Aan de kant, ga bij die deur weg!' brult de stem.

Angstig drukken de kinderen zich tegen de muur. Met een donderend gekraak vliegt de deur open en daar staat Ritsema, hijgend en met een vuurrood gezicht. Hij werpt een blik op het knetterende, walmende vuur, draait zich om en sprint razendsnel weer naar beneden. Een paar seconden later is hij terug met een blusapparaat. Op de trap klinken stemmen en Rosa hoort mensen omhoogrennen.

'Ga weg, ga naar beneden!' roept Ritsema en hij richt de brandblusser op het vuur...

Jonas de Leeuw

Van:	Rosa van Dijk <rosa_vandijk@hotmail.com>
Aan:	Jonas de Leeuw <jdl@xs22.nl>
Verzonden:	10 oktober 15.01
Onderwerp:	ramp, ramp, ramp.

O, Jonas er is iets verschrikkelijks gebeurd. Ik schaam me zo! Ik weet niet meer wat ik moet doen. Ik lig al de hele middag op mijn kamer te huilen. Ik wou dat ik dood was.
Ik heb je geprobeerd te bellen, maar je nam niet op. Logisch, want je ligt ziek op bed. En mama is op haar werk en daar heb ik ook al geprobeerd te bellen, maar ze is op reportage en heeft haar mobiel niet aan staan. En ik weet ook niet waar papa is. Of Alexander.
Er is zoiets verschrikkelijks gebeurd, Jonas, en het is mijn schuld. Ik moet zo huilen dat ik bijna niet kan typen. Ik hoop dat het toetsenbord waterproof is.
Ik schaam me zo, Jonas. Bijna was de hele school met Esther en Sas en Danny en mij en alle kinderen in de fik gevlogen en iedereen verbrand en verkoold en allemaal door mij en dat skelet bewoog in die brandende kist en Ritsema kreeg de brandblusser op zijn teen en d

15.35

Ik ben maar even buiten een rondje gaan lopen om te kalmeren, want ik snapte zelf niet meer wat ik schreef en jij waarschijnlijk al helemaal niet. Nu ben ik wat rustiger en kan ik weer een beetje beter nadenken. Ik ga jou maar schrijven wat er gebeurd is, misschien helpt dat.
O, nu ben ik opeens bang dat mama thuiskomt, ze wordt vast ontiegelijk kwaad op me. En als papa het hoort...
Rustig blijven, Rosa. (Doe jij dat ook wel eens, als je je heel verdrietig en rot voelt en je bent alleen, dat je dan tegen jezelf praat?)
Nou, hou je vast. Ik hoop dat je nog mijn beste vriendin wilt zijn als je deze meel uit hebt. Ik hoop het maar.

Sas had tegen mij gezegd dat ze het goed wilde maken met Esther en toen moest ik als test ervoor zorgen dat ze naar de zolder van de school kwam. Daar waren Lidwien en Danny ook. Ze zei dat we het uit zouden gaan praten. Ik had haar NOOOOOIT moeten geloven! Daarom is het mijn schuld. Esther vertrouwde mij. Nu zal ze mij voor eeuwig en altijd haten.

Toen Esther en ik op de zolder kwamen, was het donker en ze pakten ons vast en ze wilden Esther om haar te pesten in een kist stoppen. Dat was een kist waarin een nieuw skelet lag, in houtwol verpakt, voor de biologieles. En toen schopte en beet Esther omdat ze hartstikke bang was en toen viel de sigaret van Danny in de houtwol en dat merkten we eerst niet. Toen vloog de boel in brand en toen konden we eerst niet van de zolder af en ik was zo bang, Jonas. Ik ben mijn hele leven nog niet zo bang geweest. Ik dacht dat ik dood zou gaan. Er was zoveel rook en ik kreeg bijna geen adem meer en ik had het gevoel dat ik flauw zou vallen van angst. Het leek me zo vreselijk om te verbranden en de andere kinderen ook en dat het dan mijn schuld zou zijn... En toen kwam Ritsema en nog een stel anderen en die hebben het vuur met brandblussers geblust. En toen moesten we naar de EHBO in het ziekenhuis om nagekeken te worden en toen heeft de conrector me naar huis gebracht.

...met een grote P

'Rosa, Roos, word eens wakker!' Rosa's moeder schudt haar zachtjes door elkaar.
'Kind, wat heb je dikke ogen, wat is er aan de hand? Waarom lig je 's middags te slapen?'
Rosa komt met moeite overeind. Haar hoofd bonkt pijnlijk, alsof er met een hamer op geslagen is.
Haar moeder bukt zich over haar heen en snuffelt aan haar kleren.
'Wat ruik je vreemd, naar vuur. Heb je een sigaret gerookt? Ben je daar ziek van geworden?'
Bij het woord vuur barst Rosa weer in huilen uit. Ze klampt zich aan haar moeder vast.
'O, mama, ik was zo bang. Ik... ik dacht dat ik dohóódging!' brengt ze er met horten en stoten uit.
Rosa's moeder maakt haar los en houdt haar op armlengte van zich af. Haar ogen zijn groot van schrik.
'Rosa! Wat zeg je nu? Wat is er gebeurd?'
Maar Rosa kan geen woord meer uitbrengen, zo hard moet ze huilen. Rosa's moeder drukt haar trillende dochter stevig tegen zich aan.
'Stil maar, meisje, Roosje toch. Huil maar even goed uit. Kalm nou maar. Het komt allemaal weer goed. Je bent niet dood en je bent nu veilig hier bij mij.'
'Het komt niet meer goed! Mijn schuld! Het is mijn schuld!' roept Rosa. 'Nooit meer, nooit meer komt het goed!'
'Ga even liggen, liefje. Je bent helemaal overstuur. Ik haal wat te drinken voor je.'
Rosa verbergt haar gezicht in het kussen en snikt onbedaarlijk. Even later is haar moeder terug met een glas water. 'Hier, drink maar even.'
Rosa's handen trillen zo erg dat ze het glas nauwelijks vast kan houden. Ze neemt een grote slok, verslikt zich en barst in een hoestbui uit.
Rosa's moeder klopt met een bezorgd gezicht zachtjes op haar

rug. 'Hier is een schone zakdoek, snuit je neus even. Zo ja, nog een keertje en nu diep ademhalen... Denk je dat je me nu kunt vertellen wat er gebeurd is?'
Rosa schudt heftig van nee.
'Lee... lees de e-mail maar...' snikt ze bijna onverstaanbaar. Met een bibberende vinger wijst ze naar haar bureau.
Rosa's moeder kijkt verbaasd naar de computer. 'De e-mail?'
'Lees nou maar, ik ka... kahan, ik kan het je niet vertellen,' snikt Rosa en ze verbergt haar gezicht in haar handen.
Rosa's moeder gaat achter het zwarte scherm van de computer zitten en drukt op de enter-toets. Het beeld springt aan.
'E-mail van Rosa naar Jonas...' leest ze hardop. Rosa duikt onder het dekbed en drukt het kussen over haar hoofd.

Het is heel lang heel stil in de kamer. Rosa sukkelt van uitputting weer weg in een onrustige droom.
In de droom is ze zelf een skelet en ze wankelt met grote stappen over het schoolplein. Tussen haar samengeklemde tanden heeft ze een sigaret en het vuur komt dichter en dichter bij haar lippen. Maar tegelijkertijd heeft ze die helemaal niet. Het wordt heter en heter en ze kan haar mond niet open krijgen, haar haren zijn van houtkrullen en alle kinderen staan in een kring om haar heen en zeggen niks. Dan rent Esther naar haar toe en schreeuwt: 'Rosa, Rosa, doe je mond open, zeg iets!'

Als Rosa wakker wordt, is het buiten al donker. Haar moeder heeft haar nachtjapon aan en zit naast haar bed in een stoel een boek te lezen. Rosa ziet dat ze in haar hand een verkreukelde zakdoek heeft, alsof ze zelf ook gehuild heeft. In het zachte licht ziet ze er jong uit. Haar donkerblonde krullen zitten niet in een staart of opgestoken, zoals normaal, maar hangen los om haar gezicht. Rosa knippert met haar ogen, maar verroert zich niet. Waarom zit haar moeder daar? Waarom heeft ze zelf zo'n loodzwaar gevoel in haar hoofd? Dan weet ze opeens alles weer en ze kreunt.
Haar moeder kijkt op en legt haar boek op de grond. Ze knielt naast Rosa neer en strijkt zachtjes over haar hoofd. Rosa staart haar met grote, angstige ogen aan.

Haar moeder wrijft een traan weg die alweer uit haar ooghoek loopt. 'Stil nu maar, liefje...'
'Ik... mama, het spijt me zo... Heb je... weet je...'
Rosa's moeder knikt. 'Ik hoop dat je het niet erg vindt, maar ik heb al je e-mails aan Jonas gelezen. Ik weet wat er gebeurd is en je kunt er niks aan doen. Het is echt niet jouw schuld.'
Rosa tilt haar hoofd op uit het kussen.
'Niet mijn schuld?' vraagt ze ongelovig.
Rosa's moeder schudt haar hoofd. Dan ziet Rosa dat zij ook tranen in haar ogen heeft.
'Waarom huil jij nou, mam?' vraagt ze geschrokken.
Rosa's moeder snuit haar neus in haar natte zakdoek.
'Ach liefje,' zegt ze met schorre stem. 'Het spijt me zo. Ik heb het gevoel dat ik tekortgeschoten ben. Ik was al die tijd zo druk bezig met Alexander, zo verliefd en zo druk met mijn werk dat ik helemaal geen aandacht had voor jou. Ik vind het zo erg dat je niet naar mij hebt durven komen met je problemen, dat je me niet durfde te vertellen wat er aan de hand was op school, met Sascha en Esther...'
Rosa gaat rechtop zitten. 'Ben je dan niet boos op me?' vraagt ze verbaasd.
Rosa's moeder moet lachen door haar tranen heen. Ze drukt Rosa stevig tegen zich aan. 'Natuurlijk niet, malle doperwt van me! Ik ben dol op je!'
Rosa moet nu weer huilen, maar deze keer van opluchting. Ze heeft het gevoel dat er een zware last van haar af valt.
'Toen je sliep, heb ik je klassenmentor thuis gebeld,' zegt Rosa's moeder als ze allebei uitgehuild en uitgesnoten zijn. 'Het is goed afgelopen en er is niet veel schade. Sascha en Danny zijn geschorst.'
'Wat is dat, geschorst?' vraagt Rosa ongerust.
'Geschorst betekent dat je voor een bepaalde tijd niet meer op school mag komen,' legt haar moeder uit. 'Voor een week, in hun geval.'
'Nou, dat vindt Sas niet erg, denk ik.' Rosa kijkt haar moeder aan. 'En ik?'
'Jij bent niet geschorst, Roos.'
Rosa laat zich achterover in het kussen ploffen. Met wijd open-

gesperde ogen staart ze naar het plafond. 'Ik durf niet meer naar school,' fluistert ze. 'Ik durf Esther nooit meer onder ogen te komen. En de andere kinderen ook niet. Ik schaam me zo.'
Rosa's moeder gaat naast haar op bed zitten. 'Rustig nou maar, Roosjelief. We bedenken samen wel een oplossing. Maar niet nu, morgen. Hé grote meid, schuif eens een eindje op.'
Rosa's moeder slaat het dekbed open en gaat naast haar dochter liggen. Rosa kruipt dicht tegen haar aan.
'Wel een beetje krap,' giechelt ze. Ze snuift de geur van haar moeders haar op en slaakt een diepe zucht. Haar moeder knipt het licht uit.
'Net zoals vroeger,' fluistert Rosa en ze pakt haar moeders hand. 'Als ik vroeger ziek was, mocht ik altijd bij jou en papa slapen, weet je nog...'
Haar moeder knijpt zachtjes in haar hand.
'Mam, het spijt me zo dat ik de laatste tijd zo naar tegen je deed. Ik meende het niet zo... maar, maar... het komt omdat...'
'Ssst, ja, ik weet het, schat. Het komt omdat je een puber bent.' Rosa hoort aan haar moeders stem dat ze glimlacht. 'Een puber met een grote P!'

Rosa van Dijk

Van: Jonas de Leeuw <jdl@xs22.nl>
Aan: Rosa van Dijk <rosa_vandijk@hotmail.com>
Verzonden: 11 oktober 07.21
Onderwerp: watiseraandehand?

Lieve Roos,

Ik ben ongerust. Ik snapte niet veel van je meel. Hoe is het nou?

Jonas

Jonas de Leeuw

Van: Rosa van Dijk <rosa_vandijk@hotmail.com>
Aan: Jonas de Leeuw <jdl@xs22.nl>
Verzonden: 13 oktober 20.04
Onderwerp: uitleg

Lieve Jonas,

Ik dacht dat ik mijn laatste meel naar jou niet verstuurd had, maar dat is dus toch gebeurd.
Of misschien heeft mama het per ongeluk gedaan. Mama heeft trouwens al onze brieven vanaf het begin van het schooljaar gelezen, vind je dat erg?
Ik eerst wel, maar toen ook niet. De brand op de zolder van de school is nu twee dagen geleden en er is heel veel gebeurd. Eergisteren mocht ik thuisblijven, om een beetje bij te komen. Dat was fijn, want mama had ook vrij genomen en we hebben de hele dag gezellige dingen gedaan samen. Ik

ben nu ook niet meer boos op haar, want we hebben alles uitgepraat. Dat zou niet gebeurd zijn als ze mijn meels naar jou niet had gelezen. We hebben het ook over Alexander gehad. Ze vroeg of ik het echt zo erg vond dat ze een relatie met hem had. Ik heb gezegd van niet, en dat ik Alexander best wel aardig begin te vinden, maar dat ik het zo naar voor papa vond, omdat die helemaal alleen is. Toen moest ik alweer hard huilen, omdat ik papa vaak zo mis. Toen heeft mama papa gebeld en die kwam naar ons toe! We zijn met zijn drieën uit eten gegaan en ik was zo blij dat we weer eens samen waren, net zoals vroeger. Het was heel gezellig en papa en mama hebben gewoon met elkaar gepraat, zonder ruzie, en mama heeft hem alles verteld over wat er op school gebeurd was. Papa was niet boos, alleen wel op Sascha. Maar toen zei mama dat Sas het thuis moeilijk heeft, omdat haar moeder veel drinkt en daarom niet goed voor haar zorgt. Dat wist ik helemaal niet! Sas heeft dat nooit aan mij verteld!

Mensen moeten eigenlijk gewoon altijd eerlijk tegen elkaar zijn, vind je niet? Dan gebeuren er ook niet zoveel nare dingen. Zullen wij afspreken, als beste vriendinnen, dat we altijd eerlijk zullen zijn?

Ik vind het heel zielig voor Sas.

Toen vertelde papa dat hij een vriendin heeft! Dat was dus de verrassing. Ze heet Klaartje en hij heeft haar ontmoet op Madeira! Mama vond het niet eens erg. Ze zei dat ze blij voor hem was. Ik vind het aan de ene kant heel fijn en aan de andere kant weer niet. Gek, hè, dat dingen vaak twee kanten hebben? Of misschien wel meer dan twee, het ligt er maar aan hoe je ernaar kijkt.

De ene kant is dat papa nu niet meer alleen is en dat hij weer gelukkig is, en de andere kant is dat ik het hartstikke eng vind. Stel je nou voor dat ze een akelige heks is, met wratten op haar neus en een bochel! Of een echt kwotekwijf!

Of dat ze mij niet aardig vindt?

En nog een andere kant is dat ik nu wel vergeten kan dat papa en mama ooit weer bij elkaar komen. Dat had ik toch

de hele tijd stiekem gehoopt. Maar ja, zo is het nu eenmaal. We hebben ook afgesproken dat ik papa vaker zal zien en dat we een vaste regeling gaan maken. Dan mag ik alleen met de trein naar Eindhoven! Jippie! Het is toch fijn om groot te zijn!
Ik ben gisteren weer naar school geweest en vandaag ook. Gisteren was ik hartstikke zenuwappig. Ik stond echt te trillen op mijn benen toen ik het schoolplein opkwam. Maar we hadden het eerste uur biologie en toen heeft Prittsema er met de hele klas over gepraat. Over pesten en over anders zijn. Hij zei dat iedereen anders is en dat juist daarom het leven zo leuk is. Als we tenminste van elkaar accepteren dat we anders zijn en niet naar elkaars slechte kanten kijken, maar naar elkaars goede kanten. Hij zei dat de een goed kon tekenen en de ander mooi kon zingen en weer een ander goed kon lachen en dat als iedereen hetzelfde was, het heel saai zou zijn op deze planeet.
En dat we leren van onze fouten. Ik moest er bijna van huilen en Lidwien helemaal. Die is trouwens ook niet geschorst en ze zegt dat ze nooit meer zal roken, omdat ze het hartstikke goor vond en er misselijk van werd, maar dat niet

durfde toe te geven, omdat ze bang was dat ze uitgelachen werd door Sas en Danny. Zo zie je maar.
Esther was er vandaag en gisteren niet. Pritt zegt dat ze ziek is, maar dat geloof ik niet. Volgens mij durft ze niet meer naar school te komen en is ze loei-kwaad op mij. Ik hoop niet dat ze naar een andere school gaat. Ik voel me daar verschrikkelijk schuldig over. Weet jij raad?
Volgende week komen Sas en Danny weer naar school en dat vind ik ook doodeng.
Nou praat ik weer de hele tijd over mezelf! Hoe is het met je waterpokken? Ben je weer beter? Heb je geen littekens van het krabben? Hoe is het met je mooie prinses? Meel me gauw!

Veel groetjes van Roos

Survivaltip 17: Eerlijk zijn, ook al is het eng.
Survivaltip 18: Luister altijd naar jezelf en niet naar een ander.

Super-cool-de-luxe

Ritsema sluit met een glimlach zijn boek. Er gaat een zucht door de klas. Het verhaal van Edgar Allan Poe, over het ingemetselde lijk in de muur van de kelder, was vreselijk spannend. Het laatste kwartier van de biologieles duurt altijd veel te kort. Rosa stopt gauw nog een dropje in haar mond. Van de spanning heeft ze zonder dat ze het merkte, samen met Lidwien, de hele zak leeggegeten.
'Goed, jongens. Dit was het voor vandaag. Kijken jullie thuis de muren van de kelder maar eens goed na. Je weet nooit... Voor volgende week, dat is de laatste les voor de vakantie, leren jullie hoofdstuk zeven, over de een- en de tweezaadlobbigen.'
Rosa stopt de boeken in haar tas.
'Nog één ding...' zegt Ritsema terwijl hij zijn hoed van het skelet afneemt. 'Het is nu vrijdag en Esther is nog steeds ziek. Wie wil haar het huiswerk voor volgende week gaan brengen? Dit heeft ze nodig.' Hij houdt twee blaadjes met tekeningen van planten omhoog en kijkt de klas rond. Zijn blik blijft op Rosa rusten en één wenkbrauw gaat vragend omhoog.
Rosa voelt weer de bekende golf van zenuwen door haar buik gaan. Ze haalt diep adem, staat op en loopt naar voren. Ze voelt dat alle kinderen nieuwsgierig naar haar kijken.
'Ik ga het wel brengen, meneer,' zegt ze blozend.

Als ze de klas uitloopt, houdt Ritsema haar tegen. 'Wacht nog even, Roos, ik wil je even onder vier ogen spreken. Kan dat?'
Rosa knikt verlegen.
Ritsema gaat op zijn bureau zitten. 'Ik vind het hartstikke goed van je dat je even bij Esther langsgaat. Weet je haar adres?'
Rosa knikt en friemelt aan een knoop van haar jas. 'Ik heb een blaadje met alle adressen van de kinderen uit de klas in mijn agenda, meneer,' mompelt ze.
'Volgens mij is het goed als je het probeert uit te praten met Esther... Ik denk dat ze je best begrijpt als je haar alles vertelt.'
Rosa knikt weer en ze voelt dat er weer tranen in haar ogen

opwellen. Ze buigt haar hoofd en schudt haar krullen voor haar gezicht zodat Ritsema het niet zal zien.

'Weet je, Roos, ik werd vroeger ook veel geplaagd toen ik op school zat. Omdat ik, net zoals Esther, anders was dan anderen. Ik heb me toen ook vaak eenzaam gevoeld. Ik dacht dat ik de enige was die zo was. Ik was heel verlegen, ik durfde met niemand te praten.'

Rosa slikt en kijkt Ritsema verbaasd aan. Zijn blauwe ogen kijken vriendelijk terug.

'En toch bent u leraar geworden!' zegt ze met schorre stem.

Ritsema lacht. 'Ja, misschien juist daarom wel. Omdat je je eigen angsten toch probeert te overwinnen...'

Dan gaat de bel voor het volgende uur. Rosa aarzelt.

'Ga maar,' zegt Ritsema. 'En zeg maar tegen jezelf als je zenuwachtig of bang bent: "Ik kan het, ik kan alles wat ik wil!"'

Rosa zet haar fiets op slot. Haar handen trillen van de zenuwen. Ze kijkt omhoog naar het flatgebouw dat boven haar uittorent. Rosa schudt haar krullen naar achteren en stapt dan met een zucht in de lift. Ze volgt met haar ogen het lampje dat van verdieping naar verdieping omhoogkruipt. Het liefst zou ze gauw weer op 'begane grond' drukken en er als een haas vandoor gaan.

'Ik kan het, ik kan het, ik kan alles wat ik wil...' fluistert ze en ze knijpt zo hard in het hengsel van haar rugzak dat haar knokkels wit worden. 'Maar wát wil ik eigenlijk?'

Wat raar. Vaak denkt ze helemaal niet aan wat ze zelf nou echt wil, maar bijvoorbeeld aan wat Sas wil, of haar moeder of iemand anders van haar verwacht.

De liftdeur gaat open, maar Rosa blijft staan. Ze kijkt zichzelf aan in de grote spiegel die in de lift hangt. 'Wat wil je, Rosa?' mompelt ze.

'Ik wil... ik wil dat Esther niet meer boos op me is. Ik wil... niet meer dingen doen die ik eigenlijk zelf niet wil. Ik wil... dat Esther en ik vrienden worden.'

Dan ziet ze dat er een lampje aangaat op de eerste verdieping. De liftdeur schuift langzaam dicht. Even aarzelt ze. Ze kan ook gewoon weer naar beneden gaan en dan gauw naar huis...

Maar dan steekt ze haar been tussen de deur en glipt naar buiten. Rosa loopt zo langzaam als ze kan, terwijl ze naar de huisnummers kijkt. Het is een onverwacht warme herfstdag en veel ramen staan open op de galerij. In een van de huizen hoort ze een baby huilen. Rosa loopt steeds langzamer. Ze gaat over de reling hangen en staart naar beneden zonder iets te zien. Wat nou als Esthers vader of moeder haar niet eens wil binnenlaten? Of haar uit gaat schelden? Ze zal vast alles aan haar ouders verteld hebben...

Dan hoort Rosa opeens uit een openstaand raam muziek komen. Het is vioolmuziek en het klinkt dun en breekbaar. Het klinkt zo mooi en tegelijk zo verdrietig dat Rosa er tranen van in haar ogen krijgt. Ze gaat op de grond zitten met haar rug tegen de reling en doet haar ogen dicht. Ze is zo verzonken in de muziek dat ze niet hoort dat er een deur opengaat. Dan voelt ze opeens een hand op haar arm.

'Meisje, gaat het wel goed met je?' klinkt een stem.

Geschrokken doet ze haar ogen open. Als ze omhoogkijkt, ziet ze een kleine, mollige vrouw staan, met bruin, krullend, kort haar. Ze heeft een vrolijk gebloemde jurk aan, in allerlei bonte kleuren. Rosa slikt. Het kan haast niet missen, dit moet Esthers moeder zijn.

Rosa staat op en pakt haar rugzak.

'Moet je hier ergens zijn?' vraagt de vrouw vriendelijk. Ze zet een zware tas met boodschappen naast zich op de grond.

Rosa knikt.

'Waar dan?'

'Uuuh, bij de familie Jacobs, mevrouw.'

De vrouw lacht. 'Dat is toevallig, zo heet ik ook!' Ze kijkt haar onderzoekend aan.

Rosa voelt haar maag samenballen van de zenuwen.

'Volgens mij ben jij Rosa, uit Esthers klas. Klopt dat?'

Rosa voelt dat ze een kleur krijgt. 'Hoe weet u dat?' vraagt ze.

'Ik zie het aan je mooie bos krullen. Esther heeft me over je verteld.'

'Ik... ik kom haar huiswerk brengen, mevrouw.'

Rosa graait in haar rugzak. 'Hier staat het, op dit briefje. En deze kopieën heeft ze ook nodig.'

De vrouw pakt haar tas op en loopt twee deuren verder. Ze

draait zich om en kijkt Rosa vriendelijk aan. 'Kom maar binnen, hoor, dan kun je het haar zelf geven.'
Rosa schudt heftig haar hoofd. 'Nee, geeft u het maar.'
Maar de vrouw heeft haar sleutel al in het slot omgedraaid en gaat naar binnen. Rosa kan nu bijna niet anders dan haar volgen.

Vol verbazing kijkt ze om zich heen. Vanuit een piepklein halletje zijn ze in de woonkamer gekomen. Die is ook klein, maar vrolijk en gezellig ingericht. Aan één kant is een groot raam waar enorme planten voor staan. Op de vensterbank staat een hele rij melkflessen. In elke fles staat een bloem. Eén muur is appelgroen geschilderd en de andere zijn lichtblauw. In het midden staat een grote tafel met een naaimachine erop en de grond en de bank zijn bezaaid met felgekleurde lappen stof. Aan de muren hangen grote vellen papier met tekeningen van kleren.
De muziek klinkt nu luider, stopt even en begint dan weer opnieuw, met dezelfde treurige melodie van daarnet.
De vrouw steekt een hand naar Rosa uit. 'Ik heet Margo en ik ben de moeder van Esther, maar dat had je vast al begrepen.'
Rosa knikt en steekt zonder iets te zeggen de papieren naar haar uit.
Margo glimlacht. 'Kijk maar niet zo benauwd, Rosa. Ga maar naar haar toe, dat zal ze fijn vinden.' Ze wijst naar een deur die op de woonkamer uitkomt. 'Dat is haar kamer. Ze is aan het oefenen op haar viool.' Ze ziet dat Rosa aarzelt. 'Toe maar, ik moet even deze boodschappen wegzetten, want er zit ijs bij en dat smelt.' Ze draait zich om en loopt naar de keuken.
Rosa klopt op Esthers deur. Er komt geen antwoord. Rosa duwt de deur langzaam open.
Esther heeft de viool onder haar kin en staat met haar rug naar haar toe voor een muziekstandaard. Haar kamer is helemaal donkerroze geschilderd. Op de grond ligt een matras met een blauwe doek eroverheen en overal liggen grote kussens in allerlei kleuren. Tegen een muur staat een boekenkast, gemaakt van sinaasappelkistjes en elk kistje heeft een andere kleur.
Dan draait Esther zich om. Haar ogen achter een rare, ouderwetse bril worden groot van verbazing. Natuurlijk, denkt Rosa met een schok, haar andere bril is verbrand...

'Wat doe jij nou hier?' vraagt Esther stug.
Rosa steekt haar de papieren toe. 'Ik kom je huiswerk brengen.'
Esther pakt ze aan en legt ze op een klein bureau.
De twee meisjes kijken elkaar zonder een woord te zeggen aan.

Rosa is de eerste die haar blik afwendt.
'Ik... ik wilde alleen maar zeggen dat het me spijt,' mompelt ze bijna onhoorbaar.
Esther draait zich abrupt om en gaat met haar rug naar haar toe voor het open raam staan.
'Ben je erg boos op me?' vraagt Rosa met schorre stem.
'Ja, wat dacht je dan. Ik vertrouwde je. Ik dacht dat je het meende, ik dacht dat we...'
Esthers stem breekt en haar schouders beginnen te schokken. Rosa loopt naar haar toe. Ze legt een hand op Esthers schouder, maar die schudt hem woest weg.
'Ik dacht dat jij anders was! Maar je hebt me voor de gek gehouden! Je hebt me in de val gelokt!'
Rosa schudt wanhopig haar hoofd. 'Nee Esther, zo was het niet! Het... ik...'
'Hou maar op, je bent een leugenaar! Ga weg!' snikt Esther en ze laat zich neervallen op de matras.
Besluiteloos staat Rosa bij de deur. Ze voelt zich vreselijk. Wat moet ze nou doen. Weggaan? Blijven? Maar dan hoort ze opeens de stem van Prittsema in haar hoofd. 'Je kunt alles wat je wilt!' Ze wil niet weggaan en Esther zo achterlaten. Ze wil het goedmaken. Ze loopt terug naar Esther en knielt naast haar neer.
'Esther, wil je alsjeblieft even naar me luisteren?' vraagt ze smekend. 'Ik wil het je uitleggen. Ik ben stom geweest, dat wel, maar ik ben geen leugenaar. Luister nou even.'

'Dus je wist echt niet wat ze van plan waren?' vraagt Esther als Rosa alles verteld heeft. Ze snuit hard haar neus.
'Ik zweer het je,' antwoordt Rosa. 'Weet je, ik wilde jou niet pesten. Maar ik moest wel. Ik was zo bang dat Sas mij ging plagen. Of me in de steek zou laten. En dat ik dan helemaal alleen zou zijn...'
Esther pakt een kussen en drukt het tegen haar buik. Ze heeft haar bril afgezet en haar ogen zijn dik en roodbehuild.
'Ja, ik weet hoe dat voelt, om alleen te zijn. In de eerste klassen van de basisschool werd ik ook heel erg geplaagd. Maar toen zijn we twee jaar geleden naar hier verhuisd en toen ging ik naar een andere school. Daar had ik een lieve juf en een leuke klas en nie-

mand plaagde me. Ik was toen zo blij. Maar nu is het allemaal weer opnieuw begonnen.'

Verdrietig staart Esther naar buiten. 'Ik kan er toch ook niks aan doen dat ik ben zoals ik ben. Ik ben gewoon anders dan andere kinderen. Ik draag andere kleren omdat ik dat mooi vind, maar denk je dat ik het leuk vind om zo'n dikke bril te hebben en zo'n stomme spleet tussen mijn tanden?'

'Daar kun je toch wat aan doen? Je kunt toch een beugel nemen en lenzen...'

Esther bijt op haar lip en schuift haar bril omhoog.

'Daar hebben wij geen geld voor. Een beugel is hartstikke duur en lenzen ook. Mijn moeder wil per se geen uitkering en we leven van het geld dat zij verdient met voor andere mensen te poetsen.'

Rosa slikt en staart naar de muur.

'Heb jij die tekeningen gemaakt?' vraagt ze om Esther af te leiden.

Esther knikt.

'Ik vind ze mooi,' zegt Rosa. 'Ik wist niet dat jij zo goed kon tekenen. Heb je die in de woonkamer ook gemaakt?'

Esther schudt haar hoofd. 'Nee, dat zijn ontwerpschetsen van mama. Voor de kleren die ze maakt.'

Rosa bloost. 'Weet je,' zegt ze verlegen. 'Ik vind jouw kleren eigenlijk helemaal niet stom. Ik vind ze cool. Ik pestte je ermee om Sas te vriend te houden.'

Esthers gezicht begint te stralen. 'Vind je dat echt?' vraagt ze ongelovig.

Rosa knikt. 'Ze zijn tenminste anders. Apart. En vrolijk. Mag ik eens in je kast kijken wat je allemaal hebt?'

Esther springt op en trekt de deur van de kast open.

'Je mag best wel eens iets passen, hoor, je bent ongeveer even groot als ik.'

Even later staat Rosa, in een helblauw bloesje met geeloranje franjes aan de onderkant, voor de lange smalle spiegel die aan de binnenkant van de kast zit.

'Staat je hartstikke super-cool-de-luxe,' zegt Esther. 'Vind ik tenminste.'

'Vind ik ook,' zegt Rosa.

Jonas de Leeuw

Van:	Rosa van Dijk <rosa_vandijk@hotmail.com>
Aan:	Jonas de Leeuw <jdl@xs22.nl>
Verzonden:	15 oktober 21.34
Onderwerp:	huppeldehuppel humtiedelum

Lieve Jonalientje,

O, ik voel me zo opgelucht! Als een lammetje huppelend in een lentewei, of hoe zei jij dat ook alweer?
Vanmiddag ben ik na school naar Esther geweest en ik heb haar alles uitgelegd. Ze is niet meer boos op me en ik denk dat we vriendinnen worden. Ik vind haar hartstikke aardig en haar moeder ook. Haar moeder is heel knap, ze maakt al hun kleren zelf. Ik denk dat ze dat doet omdat ze arm zijn en geen geld hebben voor dure kleren, maar die kleren zijn hartstikke cool. Ik mocht zelfs een bloesje van Esther lenen. Ik ben de hele middag gebleven en we kregen ijs en we hebben de hele tijd zitten kletsen.

Esther vertelde een zielig verhaal, joh! Haar vader is bij haar moeder weggegaan toen zij nog niet geboren was en ze heeft hem nog nooit gezien! Ze weet niet eens waar hij woont! Hij was een soort muzikant en het enige wat ze nog van hem heeft, is zijn oude viool. Die was hij zeker vergeten. Zielig, hè? Mijn ouders zijn dan wel gescheiden, maar ik kan mijn vader tenminste altijd nog zien.
Nou, ik duik mijn bed in, want ik ben doodmoe.
Dag dag! Toedeloeidoei!

Je beste vriendin Rosa-abrikoza!

P.S. Zou je het leuk vinden om in de herfstvakantie te komen logeren? Ik zou dat hartstikke tof vinden!

Rosa van Dijk

Van:	Jonas de Leeuw <jdl@xs22.nl>
Aan:	Rosa van Dijk <rosa_vandijk@hotmail.com>
Verzonden:	19 oktober 17.12
Onderwerp:	gtst (geweldig tam saai en taai)

Ha die Rosa-spinoza,

Sorry dat ik een tijdje niks heb laten horen. Kwam door die rotwaterpokken. Maar ik ben nu weer beter. Het duurde wel lang, zeg. Ik zag er niet uit met al die korstjes. Ik heb nu wel een interessant littekentje boven mijn wenkbrauw.
Ik ben blij dat het weer goed met je gaat. Ik vind het heel dapper dat je het hebt uitgepraat. Meisjes kunnen dat goed. Daar kunnen jongens wat van leren. Ben benieuwd hoe het met die Sascha en Danny afloopt. Jij hebt wel een spannend leven! Het lijkt wel een beetje op GTST!
Mijn leven in Limbonesië is maar suf. We zijn aan het oefe-

nen voor de Cito-toets, die krijgen we na de vakantie.
Ik heb aan mijn vader en moeder gevraagd of ik mag komen en het mag! Zullen we bellen om af te spreken? Ik mag ook alleen met de trein, als jullie me tenminste komen afhalen!
Ik heb je al heel lang niet meer gezien. Kunnen we lekker beste-vriendinnendingen samen doen. (Nee hoor, grapje, en volgens mij heb jij nu al een nieuwe beste vriendin.)
Met Aisha is het helemaal niks meer geworden. Blij toe, want eigenlijk vind ik haar maar een flauwe giebelgeit. Bovendien heeft ze nu iets met Menno. Met Ménno! Hoe verzint ze het!
Nou, ik moet eten.
Aju-paraplu,

Jonie-piepelonie

Sascha is terug

'Goedemorgen Roosje! Wat heb je een grappig bloesje aan!' roept Rosa's moeder enthousiast
Rosa geeft haar moeder een kus.
'En ik dan?' grapt Alexander en hij wijst naar zijn wang.
'Jij prikt,' zegt Rosa en ze ploft neer op een stoel. Haar moeder voelt aan de franje onder aan het bloesje. 'Leuk idee. En mooi gemaakt. Hoe kom je eraan?'
'Geleend van Esther. Haar moeder maakt zelf kleren. Hun hele kamer hangt vol met tekeningen en zo.'
Rosa smeert boter op een boterham en bestrooit hem rijkelijk met hagelslag. Haar moeder doet net alsof ze het niet ziet. Rosa legt er gauw nog een snee op.
'Ik heb het hele verhaal van je moeder gehoord,' zegt Alexander terwijl hij haar thee inschenkt. 'Hartstikke goed van je dat je het uitgepraat hebt, Roos!'
Rosa bloost. 'Het komt ook doordat mama de e-mails van Jonas en mij gelezen heeft, dat maakte het makkelijker.'
'Vandaag komt Sas weer op school, hè?'
Rosa knikt. 'Ja, dat vind ik best eng. Ik heb helemaal niks meer van haar gehoord. En als ze ziet dat ik nu vriendin ben met Esther...'
'Gewoon jezelf blijven,' zegt Alexander. 'En je niks van haar aantrekken.'

Bij de speeltuin staat alleen Lidwien te wachten.
'Heb je Sas al gezien?' vraagt Rosa buiten adem. Ze sjort haar rugzak onder de bagagedrager recht. Elf kilo vandaag. Lidwien schudt van nee.
'Hé, wat heb jij nou aan?' Ze trekt Rosa's jas open. 'Gaaf... leuk bloesje! Nieuw?'
Rosa kijkt Lidwien onderzoekend aan. 'Vind je het echt leuk?' vraagt ze achterdochtig.
'Ja! Anders zou ik het toch niet zeggen?'
'Dat is vreemd. Het is van Esther, geleend. Je vond haar kleren toch stom?'

Lidwiens gezicht wordt rood. 'Van Esther? Hoe kan dat nou? Ik dacht...'
'Dat ze hartstikke kwaad zou zijn, zeker. Nou, dat was ze ook. Maar ik ben vrijdag naar haar toe geweest en toen hebben we het uitgepraat. En nu zijn we vriendinnen. Ze is eigenlijk hartstikke aardig.'
Lidwien slikt. 'Zijn jullie vriendinnen?'
'Ja, is dat zo gek?'
'Ja, nou nee... Maar wat zal Sas zeggen?'
'Dat kan me niks meer schelen,' zegt Rosa. 'Van nu af aan doe ik wat ik zelf wil. En niet meer wat zij wil. Ik ben niet bang meer voor haar. En wat jij doet, moet je zelf weten. Zullen we gaan? Anders komen we te laat.'

Het eerste uur hebben ze Engels. Rosa kijkt op de klok. Tien over negen al. Zou Sascha nog komen?
Danny in ieder geval niet. Die is overgeplaatst naar een andere school, heeft ze gehoord op het schoolplein. Hij wilde het zelf. Opeens gaat de deur open. Rosa's mond valt open van verbazing. Daar is Sas. Met blauw haar.

'Kijk me niet zo aan, mens,' zegt Sascha als ze langs Rosa loopt in de pauze. 'Heb ik soms iets van je aan?'
'Je... je haar,' zegt Rosa.
'Ja, wat me haar? Is er iets mis mee?'
'Het is blauw. Best gaaf, hoor. Hoe... hoe is het met Danny?'
'Het is uit. Daarom is het niet meer wit. Snap je wel? Geen uniseks meer. Maar wat gaat jou dat aan?'
Sas wijst naar Esther, die naast Rosa staat. 'Ik zie dat je een nieuw vriendinnetje hebt. Jampotje! Goed gedaan meid! Mijn vriendin inpikken terwijl ik weg ben.'
'Ik heb haar niet ingepikt! Hoe kom je erbij?' zegt Esther verontwaardigd.
'Nee, natuurlijk niet, Sas. Dat wilden we allebei zelf. Hé toe, ga nou niet weer ruziemaken. We kunnen het toch uitpraten?' vraagt Rosa.
Sascha kijkt haar met samengeknepen ogen aan. Ze ziet er slecht uit. Bleek en mager en met donkere kringen onder haar ogen.

'Uitpraten is voor watjes. Ik heb jou heus niet nodig. Je ziet er trouwens belachelijk uit in die kleren, Rosa.' Dan valt haar blik op Lidwien. 'En jij? Ben je ook overgelopen?'
'Ik uuuh, ik...' stottert Lidwien met neergeslagen blik.
Sascha trekt Lidwien aan haar arm. 'Kom op, meid, blijf niet bij die domme grieten hangen. Ga mee, dan koop ik een koek voor je.'
Lidwien trekt zich los. 'Ik doe wat ik zelf wil,' fluistert ze. 'Ik blijf nog even hier staan.'
'Wat?' Sascha ontploft. 'Jij doet wat je zelf wilt? Haha! Die is goed! Jij hebt niet eens hersens om zelf na te denken!'
Sas draait zich om en beent met grote stappen weg.
'Toevallig wel, hoor!' gilt Lidwien haar na. 'Meer dan jij!'

'Goh, wat een grote kamer heb jij!' roept Esther verbaasd uit als ze die middag Rosa's kamer binnenloopt. 'En een eigen computer!'
'Afdankertje van mijn moeder, hoor,' zegt Rosa gauw. 'Van haar werk.'
'Wat voor werk doet ze?' vraagt Esther terwijl ze rondloopt en Rosa's spulletjes bewondert.
'Ze werkt bij een modetijdschrift.'
'Wauw, wat veel boeken heb jij. Ik wist niet dat je van lezen hield.'
Esther strijkt over de rug van een pluchen giraffe.
'Die spaar ik,' zegt Roos. 'Vind je dat kinderachtig?'
'Helemaal niet. Leuk juist! Ik zal je een geheim vertellen: ik heb nog een schaapje van toen ik een baby was. Het heeft geen oren en staart meer en het is helemaal kaal, en daar slaap ik nog steeds mee!'
Rosa giechelt. Van onder haar kussen haalt ze een bijna onherkenbaar bruin knuffelbeest vandaan. 'Hoe vind je deze? Dit is Piepie, mijn konijn, ook van toen ik een baby was.'
'Hij is lief,' zegt Esther. 'Vet lief!'
Rosa glundert. Ze vindt Esther steeds aardiger.
'Zullen we een cd opzetten? Five? Of Britney Spears, vind je die goed?'
'Wauw! Je hebt zelfs een installatie op je kamer!' roept Esther.

'Met cd's! Wat veel heb je er!'
Rosa schaamt zich een beetje. Al die dingen die ze heeft, waren altijd zo vanzelfsprekend. En nu ziet ze opeens door Esthers ogen hoe verwend ze eigenlijk is. Nooit meer zeuren bij mama, neemt ze zich voor. Nooit meer ontevreden zijn.
Dan wordt er op de deur geklopt. Het is haar moeder met twee glazen cola en een schaal met koekjes. Ze zet het neer op het bureau en geeft Esther een hand. 'Dag Esther, wat leuk dat je er bent. Ik heb al veel over je gehoord.'
Esther knikt verlegen.
'Esther helpt me met wiskunde,' zegt Rosa. 'Ik snap er niet veel van, maar Es is er keigoed in.'
Rosa ziet dat haar moeder naar Esthers kleren kijkt. Vandaag heeft ze een soort schort aan van donkergrijs fluweel en een wijde, gestreepte broek met grote zakken.
'Leuke kleren heb je aan, Esther. Rosa heeft me verteld dat je moeder ze zelf ontwerpt.'
Esther knikt blozend. 'En ze naait ze ook zelf. Ze heeft vroeger op de kunstacademie gezeten. Ze maakt ze allemaal zelf.'
Rosa's moeder kijkt nadenkend. 'Ik ben bezig met een reportage voor het blad waarvoor ik werk. Het gaat over nieuw ontwerptalent in Nederland. Denk je dat ze het goedvindt als ik binnenkort eens bij haar op bezoek kom om te kijken naar haar werk?'
Esther begint te stralen. 'Ik denk het wel, hoor! Wauw, dat zal ze geweldig vinden!'

Jonas de Leeuw

Van: Rosa van Dijk <rosa_vandijk@hotmail.com>
Aan: Jonas de Leeuw <jdl@xs22.nl>
Verzonden: 23 oktober 19.52
Onderwerp: gtstvr

Lieve Jonie-kanonie,

Nog twee nachtjes en dan is het klassenfeest! Jippie. En er is intussen weer een hoop gebeurd in GTSTVR (Goede tijden, slechte tijden van Rosa).
Het goede nieuws is dat mama een reportage gaat maken over de ontwerpen van Esthers moeder! Misschien wordt ze wel beroemd. Dankzij mij!
Ik ga naar het klassenfeest in een outfit die Esthers moeder speciaal voor mij ontworpen heeft. Ik heb de tekeningen gezien. Cool gaaf strak wreed, man! En mama betaalt haar ervoor. Mama zegt dat ze heel getalenteerd is en dat ze het helemaal gaat maken.
Toen ik dat tegen Lidwien vertelde, wilde die meteen ook iets van Esthers moeder hebben voor het feest. En twee andere meisjes ook!
Maf, hè? Eerst pest iedereen Esther omdat ze er anders uitziet, en nu mijn moeder een reportage gaat maken en er foto's in haar tijdschrift komen, wil iedereen die kleren opeens hebben, juist omdat ze zo anders zijn! Snap jij het?
Nu gaat Lidwiens moeder Esthers moeder helpen met naaien, anders is het niet op tijd klaar. En dan krijgt Lidwien haar broek en hesje voor niks. Goed opgelost, hè? En die nieuwe kleren worden dan met ons erin gefotografeerd! Yessss! Misschien word ik later wel een beroemd fotomodel! Word ik ook ontdekt. Word ik heel rijk en reis ik de wereld rond!
Het slechte nieuws is dat Sascha echt volkomen gestoord doet. Ze wil met niemand praten, ook al doen wij aardig tegen haar. Prittsema heeft ook geprobeerd met haar te pra-

ten, maar volgens mij is het hem niet gelukt. Ik vind het zielig voor haar. Ik vraag me af hoe dat nu zit met die alcoholische moeder. Als het zo doorgaat, moet ze vast van school af, want ze haalt nooit hoger dan een vijf.
Ik had voor wiskunde een zesenhalf! Dankzij Esther. Goed hè! (Voor mij is dat heel goed, de vorige keer had ik een drie!)
Nou, aju-met-een-du,

Rosadiedeledosa

Rosa van Dijk

Van:	Jonas de Leeuw <jdl@xs22.nl>
Aan:	Rosa van Dijk <rosa_vandijk@hotmail.com>
Verzonden:	23 oktober 20.20
Onderwerp:	duh!

Lieve Rosa,

Ik ben echt jaloers op jouw flitsende leven. Ik heb deze week al herfstvakantie en ik verveel me suf. Met skaten ben ik gevallen en heb ik mijn pink gekneusd, dat is het enige. Met gillende ambulance naar het ziekenhuis, spoedoperatie van zes uur, tot aan mijn nek in het gips. Veel cadeaus en bloemen.
Maar niet heus.
Mijn moeder zei: 'Doe er maar een koud lapje om.' En dat was het. Een koud lapje!
Verder ben ik verslaafd geraakt aan een computerspelletje waarbij je pretparken kunt bouwen. Maar van mijn moeder mag ik nog maar een uur per dag achter de computer zitten, anders krijg ik vierkante oogjes. Gemeen, hè? Kindermishandeling. En mijn twee beste vrienden zijn op vakantie.

Gelukkig heb ik mijn beste meel-vriendin nog.

Groetjes, Joni-macaroni

Jonas de Leeuw

Van: Rosa van Dijk <rosa_vandijk@hotmail.com>
Aan: Jonas de Leeuw <jdl@xs22.nl>
Verzonden: 23 oktober 20.27
Onderwerp: feest!

Ha die Joni-spaghettibonie, ik heb een te gek idee. Waarom kom je morgen niet met de trein naar hier! Het is maar anderhalf uur, ik heb het in de reisplanner opgezocht. Kun je mee naar het klassenfeest! Ik heb het aan Pritt gevraagd en het mag!
Bel me supersnellio!

R.

Jonas

Rosa staat met haar moeder te wachten bij de hoofdingang van het station. Ze is opeens heel zenuwachtig. Ze loopt heen en weer langs de spiegelende ruit om zichzelf te bekijken. Ze heeft de nieuwe kleren van Esthers moeder al aan. Een kort, wit T-shirt, daarover een blauw hesje, afgezet met een randje gekleurde balletjesfranje, en een wijde lichtgrijze broek met grote zakken en van boven elastiek. Zou Jonas het leuk vinden? En zou ze hem nog wel herkennen? Ze hebben elkaar al meer dan vier maanden niet gezien.
'Daar is hij!' roept haar moeder.
Rosa draait zich om. Jonas staat in de hal en kijkt onzeker om zich heen. Jawel, zeker herkent ze hem nog, met zijn bruine krullen, zijn sproeten en zijn ronde brilletje. In zijn hand heeft hij een grote bos bloemen. Ze rent naar hem toe.
'Hé die Joondeboon!' roept ze lachend.
'Rosa-abrikoza!'
Dan kijken ze elkaar verlegen aan. Vroeger zou Rosa Jonas om de hals gevlogen zijn, maar om de een of andere reden durft ze dat opeens niet meer.
'Je bent gegroeid,' zegt Rosa. 'Eerst was ik groter dan jij, maar nu niet meer. En je haar zit ook anders. Staat wel gaaf hoor, zo kort! Maar je hebt nog evenveel sproeten! Laat je beugel eens zien.'
Jonas spert zijn mond open.
Rosa fluit bewonderend. 'Inderdaad, een hele ijzerwinkel! En waar zijn die elastiekjes voor?'
'Die trekken mijn tanden op hun plaats. Kijk, als ik mijn mond wijd opendoe: kwak! Klappen mijn kaken vanzelf weer op elkaar!' zegt hij grijnzend.
'Jonas! Wat leuk dat je er bent!' Rosa's moeder geeft Jonas een zoen op beide wangen. Jonas duwt verlegen de bos bloemen in haar handen.

'Het feest begint om acht uur,' zegt Rosa als ze naast Jonas in de auto zit. 'Spannend, hè?'

'Vond die Pritt-plakstift het echt wel goed?' vraagt Jonas onzeker.
'Hij vond het prima. Hij zei dat hij graag een uitzondering wilde maken voor mijn vriendje uit Limbonistan!'
'Ik vind het best eng, hoor, ik ken niemand...'
'Ach, dat is toch niet erg. Het zijn hartstikke aardige kinderen. En dan zie je Esther ook. We zijn trouwens vanmiddag op de foto geweest, met onze nieuwe kleren. Allemaal door Esthers moeder gemaakt. Gaaf, hè? Esther, Lidwien en ik, in een echte studio! En we werden opgemaakt! Ik leek wel achttien!' Rosa kijkt verwijtend naar haar moeder, die achter het stuur zit en zo nu en dan een geamuseerde blik in de achteruitkijkspiegel werpt.
'Maar van mama moest ik daarna alles er weer afhalen! Ik had het nog wel aan jou willen laten zien!'
'Ik vind je zo ook mooi, hoor,' zegt Jonas. 'Ik houd helemaal niet van geplamuurde types.'
'Vind jij mij mooi?' vraagt Rosa giechelend.
Jonas knikt verlegen en pulkt aan zijn beugel. Rosa bloost en kijkt gauw naar buiten.
Het is anders, denkt ze. Het zal wel komen doordat we allebei een beetje P zijn geworden. Maar het is echt anders. Ik voel het in mijn buik.

'Zal ik jullie even brengen?' vraagt Alexander. Hij staat arm in arm met Rosa's moeder in de deuropening.
'Ach nee, het is vlakbij. Tien minuten hoogstens. En ik heb mijn eigen persoonlijke bodyguard bij me,' zegt Rosa en ze geeft Jonas een klap op zijn schouder.
'Auw!' roept Jonas. 'Wie van ons tweeën is nou de bodyguard? Je mept als een vent, Roos!'
Rosa grijnst.
'Nou jongens, veel plezier! En om elf uur thuis, en geen minuut later! En zet je fiets in de schuur, Roos!'
'Oké, oké mam, en ga nou maar naar binnen, we zijn geen kleutertjes meer, hoor!' zegt Rosa.

'Jij fietst, ik achterop, goed?'
Jonas knikt. 'Zeg, zit mijn haar niet raar? Je hebt er minstens een halve pot gel in gesmeerd.'

Rosa woelt met haar vingers door zijn krullen. 'Zit hartstikke cool, man.'
Ze trekt verlegen haar handen terug als ze ziet dat Jonas haar doordringend aankijkt.
'Wat is er?' vraagt ze verlegen.
Jonas wendt zijn blik af. 'Ach niks... het is trouwens niet erg geëmancipeerd hoor, dat ik moet fietsen.'
'Goed, dan fiets ik wel!' roept Rosa vrolijk. 'Spring maar achterop, watje!'

Als ze bij het huis van Prittsema aankomen, staat de voortuin al vol met fietsen. Rosa gooit de hare tegen een boom aan.
'Kom nou,' zegt ze ongeduldig tegen Jonas, die zenuwachtig aan zijn haar staat te friemelen.
'Wacht nou even, niet zo snel,' zegt Jonas. 'Wat doen ze eigenlijk op zo'n klassenfeest?'
'Nou, dansen denk ik, en...'
'DANSEN! Dat meen je toch hopelijk niet, hè?'
'Ja natuurlijk, oelewapper, wat dacht je dan! En schuifelen ook! Dat doe je als je in de brugklas zit, hoor!'
'Wat is schuifelen nou weer?' vraagt Jonas gealarmeerd.
'Dat zul je wel zien,' zegt Rosa geheimzinnig. 'Dat gaan wij vanavond samen doen, let maar op. Kom op, Joon, schuifel nu eindelijk eens naar binnen!'

Heibel!

Rosa belt aan en na een paar tellen vliegt de deur open. Daar staat Esther, met achter haar Lidwien. Vanuit het huis klinkt dreunende muziek.
'Hé Rosie, ben je daar eindelijk! Iedereen is er al!' roept Lidwien uitgelaten. 'En wie heb je meegebracht? Is dat je vriendje? Heb je dit stuk al die tijd voor ons verborgen gehouden?'
Jonas wordt knalrood en wil zich alweer omdraaien, maar Rosa trekt hem mee naar binnen.
'Dit is Jonas, mijn beste vriendin!' zegt ze.
'Beste vriendin?' Lidwien giert van het lachen.
Jonas geeft Rosa een venijnige duw.
'Uuh, nee, ik bedoel natuurlijk: mijn beste vriend, uit Limbokije,' zegt Rosa snel. 'Ik ken hem al heel lang en hij logeert bij ons, en daarom komt hij mee.'
'Kom mee naar binnen,' zegt Esther ongeduldig. 'Er is fris, en massa's chips en nootjes en Pritt speelt voor dj. Lachen, joh!'

Ritsema's grote woonkamer is helemaal leeggemaakt, op een lange tafel tegen de muur na, waar het eten op staat. Het is schemerdonker en aan het plafond hangt een grote discolamp. Ritsema zelf staat achter een tafeltje bij de muziekinstallatie.
'Kijk nou! Volgens mij is dat een sjaaltje van jouw moeder!' roept Rosa verbaasd uit.
Ritsema heeft een felgekleurd sjaaltje om, van verschillende stofjes aan elkaar genaaid.
'Gaaf, hè!' roept Esther trots. 'Cadeautje van mama! Ik had verteld dat hij zo dol is op sjaaltjes!'
Midden in de kamer zijn een stuk of zeven meisjes met elkaar aan het dansen. De jongens staan aan de kant druk met elkaar te praten.
'Glaasje cola, Jonas?' vraagt Esther vriendelijk en ze duwt een glas in zijn hand.
'Mag eigenlijk niet,' roept Jonas over de muziek heen. 'Roest mijn beugel weg!'

Hij trekt een gezicht en drinkt het glas in één teug leeg. Ritsema komt met gekke danspassen naar hen toe gelopen. 'Jij bent zeker Jonas. Leuk dat je er bent, jongen! Welkom op het brugmuggenfeest!'
Dan maakt hij een buiging. 'Wie van deze drie schone dames wil met mij dansen?'
Rosa, Lidwien en Esther kijken elkaar giechelend aan. Rosa geeft Esther een duw.
'Zij wil wel, meneer! Zij kan heel goed dansen. We hebben geoefend!'
'Nou!' roept Esther met een rood gezicht en ze geeft Rosa een duw terug.
Ritsema trekt Esther naar de dansvloer.
'Blacklight!' roept hij.
Het licht gaat uit en een helblauw tl-licht floept aan. De discobal aan het plafond begint rond te draaien.
'Hé Roos!' roept Jonas. 'Wat zie jij er mal uit! Je tanden zijn groen! En je T-shirt geeft licht!'
'Moet je jezelf zien!' gilt Rosa uitgelaten. 'Je lijkt wel een buitenaards wezen.'
'Komt Sas eigenlijk?' roept Lidwien in Rosa's oor als ze uitgelachen zijn.
'Auw, man! Niet zo hard schreeuwen. Ik ben niet doof! Ik weet het niet. Joon, zullen we dansen?'
'Nee!' roept Jonas. 'Kan niet dansen!'
'Kanniet ligt op het kerkhof!' roept Rosa en ze trekt Jonas de dansvloer op.
'Ik kan het niet en ik wil het niet,' zegt Jonas en hij blijft stokstijf stilstaan.
'Kom op nou,' roept Roos, terwijl ze om hem heen danst. 'Gewoon een beetje door je benen zakken en met je armen zwaaien! Je hebt toch vaak genoeg op tv gezien hoe dat moet?'
Jonas loopt met een rood gezicht naar de tafel met hapjes toe en schenkt zich nog een glas cola in.
Rosa steekt plagend haar tong naar hem uit. 'Kom op Lidwien, wij tweeën dan maar!'

Jonas zit op een kussen op de grond. Hij vindt het niet erg om

even alleen te zitten. Niemand let op hem en zo kan hij zelf wel iedereen goed bestuderen. Hij is straks een echte brugmuggenspecialist. Brugklassers zijn toch al een stuk groter dan achtstegroepers, vindt hij. Hij heeft zelfs al een paar jongens gehoord die de baard in de keel hebben. En sommige meisjes zijn echt al heel erg P, met borsten en al!
Zo nu en dan gluurt hij naar Rosa, die te midden van de andere meisjes vrolijk aan het dansen is.
Ze is de leukste van allemaal, vindt hij, met die lange krullen en die gekke kleren. Veel leuker dan Aisha. Die is hij eigenlijk al helemaal vergeten. Raar om Rosa zo in een andere omgeving te zien. Rosa de brugpieper. Ze is heel anders dan toen ze elkaar tegenkwamen op Corsica, en toen ze begin dit jaar met oud en nieuw bij hem logeerde. Het is net alsof hij nooit echt naar haar gekeken heeft.
Jonas schrikt op uit zijn gemijmer door de bel. Hij kijkt om zich heen. Niemand reageert. Hij is waarschijnlijk de enige die het hoort omdat hij vlak naast de deur zit. Jonas loopt naar de voordeur en doet hem open. Voor hem staat een lang, dun meisje, met knalblauw haar. Ze is zwaar opgemaakt, met dikke, zwarte lijnen om haar ogen. 'Huh, oh, dag Sascha!' stottert hij.
'Puh! Wie ben jij nou weer?' vraagt Sascha bits terwijl ze langs hem heen naar binnen stapt. 'Hier is toch het feest van het Kamerlingh Onnes?'
Jonas knikt blozend en stapt gauw opzij.
Sascha wacht niet op zijn antwoord en loopt door naar de woonkamer. Met haar armen over elkaar en een nukkig gezicht kijkt ze rond.
'Bah, kinderachtig gedoe, aanstellers...' hoort Jonas haar mompelen als hij achter haar binnenkomt.
'Hé Sas!' roept Rosa zwaaiend. 'Wat goed dat je er bent! Kom ook dansen!'
Maar Sascha werpt haar een boze blik toe en loopt naar de tafel. Ze schenkt zich een glas cola in en gaat boven op de tafel zitten, met haar benen in kleermakerszit onder zich gevouwen.
Jonas ziet dat Rosa aarzelt en naar Sascha toe wil gaan, maar een nieuw liedje begint en een van de meisjes trekt haar mee om verder te dansen. Jonas pakt een schaaltje met chips en gaat weer

zitten. Al snel zitten er drie jongens om hem heen. Het gesprek gaat over auto's. Gelukkig weet hij daar veel van af. Als hij even later opkijkt, ziet hij dat Sascha nog steeds op dezelfde plaats zit en iets uit een plat flesje in haar glas cola schenkt. Jonas kijkt naar Ritsema of hij het ziet, maar die is druk in de weer met de cd's.

Een kwartiertje later gaat opeens de discobal uit. Nu is het echt schemerig in de kamer. Er wordt een langzaam, romantisch nummer opgezet.
'Tijd voor de sneeuwbalschuifel!' roept Ritsema. 'Ik zal beginnen met... Rosa!'
Alle kinderen beginnen te giebelen en te joelen.
Rosa laat zich tegenstribbelend meetrekken. Ritsema is veel te lang om mee te dansen en ze voelt zich flink voor gek staan. Ze blijft zo ver mogelijk van hem af.
'Vroeger noemden we dit slowen!' zegt Ritsema lachend. 'Ik had er altijd een enorme hekel aan. Ik wilde helemaal niet zo dicht bij een meisje dansen. Ik vond het doodeng.'
'Wou u wel met een jongen dan?' vraagt Rosa. Ze schrikt van haar eigen brutaliteit.
Ritsema bloost. 'Ja, dat wilde ik wel. Maar daar durfde ik toen niet eens over na te denken.'
'Nu is het heel gewoon eigenlijk,' zegt Rosa. 'Heeft u al gezien dat Sas er ook is?'
Ritsema knikt. 'Ze ziet er niet erg vrolijk uit.'
'Ze is nog steeds kwaad op me,' zegt Rosa. 'Ik weet niet eens waarom. Ze heeft er eigenlijk helemaal geen reden voor...'
'Trek het je niet aan, Roos. Sascha is gewoon kwaad op alles en iedereen,' zegt Ritsema. 'Ze heeft het niet makkelijk. Wees maar een beetje lief voor haar.'
'Wisselen! Nieuwe danspartner uitkiezen! Wisselen!' gillen een paar meisjes opgewonden door elkaar heen.
Ritsema geeft Rosa een knipoog. 'Je weet hoe het gaat, hè? Jij kiest iemand uit en ik ook. En dan kiezen die weer iemand anders, enzovoort!'
Rosa kijkt rond. Dan ziet ze Jonas, die zich achter twee andere jongens probeert te verstoppen.

'Ja Jonas, jammer dan! Ik zie je wel!' roept Rosa. 'Deze keer kun je niet ontsnappen!'

'Is dit nou schuifelen?' vraagt Jonas kreunend. 'Moet dat nou? Ik sta hartstikke voor paal.'
'Helemaal niet,' zegt Rosa. 'Zo wen je er vast aan. Volgend jaar moet jij het ook. Je doet het prima, gewoon een beetje zo langzaam heen en weer schuifelen, in de maat van de muziek.'
Jonas snuift. Hij is met zijn gezicht heel dicht bij Rosa's haar. Mmmm... ruikt lekker.
'Hé Roos,' fluistert hij in haar oor. 'Wat grappig, je haar ruikt naar rozen!'
Rosa bloost.
'Wisselen! Allemaal een ander uitkiezen!' klinkt het, naar haar gevoel alweer veel te snel.
Na korte tijd staan bijna alle kinderen op de dansvloer. Rosa danst, na vier andere jongens en twee meisjes, weer met Jonas. Eigenlijk vindt ze het best fijn, met hem. Alleen Sascha zit nog in haar eentje op tafel. Ze kijkt nors voor zich uit en drinkt van haar cola.
Opeens springt ze van de tafel af en loopt een beetje wankelend naar de muziekinstallatie toe. Ze trekt ruw een cd uit een stapeltje, zodat de rest op de grond valt. Dan drukt ze op de stopknop van de cd-speler, duwt de cd erin en zet de volumeknop helemaal open.
'Hé Sas! Wat doe je nou?' roept Rosa. Haar stem komt nauwelijks boven de harde muziek uit. 'Het was net zo leuk!'
'Afgelopen met dat kleffe gedoe!' roept Sascha. 'Dat slijmerige geschuifel is stom! Beetje leven in de brouwerij!'
De kinderen op de dansvloer lopen mopperend naar de kant.
'Booeh!' roepen er een paar.
'Auw! Mijn oren, mag het wat zachter?' roept Lidwien.
Sascha doet net alsof ze het niet verstaat. 'Wat zegt u?' roept ze met haar hand achter haar oor. 'Dit is pas muziek!'
'Vind jij!' roept Rosa. Ze gaat vlak voor Sascha staan en probeert bij de volumeknop te komen. 'Zet die andere muziek weer op. Jij bent niet de baas!'
Sascha kijkt haar woest aan en brengt haar gezicht dicht bij het

hare. Rosa ruikt dat haar adem een vreemde geur heeft. Ze deinst achteruit.
'Jij denkt zeker dat jij nu de baas bent, hè? Je hebt iedereen tegen me opgestookt. En geroddeld over mij! Zodat iedereen nu tegen mij is! Stom rotkind! Je hebt me in de steek gelaten voor die stomme Jampot! Ben jij nou een vriendin?'

Waar is Sascha?

'Ik heb je niet in de steek gelaten!' roept Rosa. 'Je bent gek, Sas, dat bedenk je allemaal zelf! Je voelt je gewoon rot omdat je moeder drinkt en omdat je thuis geen aandacht krijgt!'
'Wat?' gilt Sascha met overslaande stem. Haar ogen spuwen vuur en haar mond trilt. 'Mijn moeder! Hou mijn moeder erbuiten! Vuile, vieze verraadster! Hoe kom je daarbij?' Ze geeft Rosa een harde duw. 'Trut! Leugenaar!'
'Hé, ho, kalm een beetje, blijf van Rosa af!' roept Jonas en hij trekt aan Sascha's arm. Geschrokken kijkt hij om zich heen. Waar is Ritsema nou?
'Ik ben geen, ik...' stottert Rosa met tranen in haar ogen en ze wrijft over haar schouder.
'Dat ben je wel! Je hebt me gewoon in de steek gelaten!' gilt Sascha en ze geeft een harde ruk aan Rosa's haar. De kinderen om hen heen wijken geschrokken achteruit.
'Aaaau! Laat me los!' gilt Rosa angstig. Maar Sascha geeft haar nog een duw, zodat ze struikelt en op de grond valt. Sascha springt boven op haar en rammelt haar wild door elkaar.
'Aaaau! Mijn hoofd!' gilt Rosa.
'Hé, laat dat!' roept Jonas en hij probeert Sascha van Rosa af te trekken. Sascha draait zich om en geeft hem een harde trap tegen zijn been. 'Bemoei je er niet mee, vent!' schreeuwt ze.
Op dat moment komt Ritsema vanuit de keuken aangerend. In zijn hand heeft hij een schaal bitterballen. Haastig kwakt hij de schaal op de tafel, zodat de bitterballen in het rond vliegen. Dan rent hij op de vechtende meiden af.
Hij grijpt Sascha bij de schouders en trekt haar van Rosa af. In haar hand heeft ze een pluk haar. Haar ogen staan verwilderd. Ze rukt zich los uit Ritsema's greep en rent naar de deur toe. 'Ik weet het al! Ik ga al weg! Iedereen haat me! Ik kan net zo goed dood zijn!'
Een harde klap van de deur en Sascha is verdwenen.

Lidwien rent naar de muziekinstallatie en zet het geluid uit. Het

is opeens doodstil in de kamer. Verbijsterd kijken de kinderen naar Rosa, die haar hoofd vasthoudt en op de grond zit te snikken. Jonas zit naast haar en probeert haar onhandig te troosten. Ritsema helpt haar overeind.
'Gaat het, Roos?' vraagt hij bezorgd. 'Och hemeltje, dit had ik helemaal niet verwacht! Wat is er gebeurd?'
Dan ziet hij dat er uit Rosa's opgezwollen lip bloed druppelt.
'Lidwien, ren eens naar de keuken en maak een doekje nat!'
'Ik heb helemaal niks gedaan,' snikt Rosa. 'Ze begon opeens...'
'Ik wist niet dat het zo erg met haar was,' zegt Ritsema terwijl hij voorzichtig Rosa's lip dept. 'Ze heeft hulp nodig.'
'Nou, dat hoeft ze toch niet op mij af te reageren!' snikt Rosa. 'Ik kan er toch zeker niks aan doen?'
Ritsema schudt zijn hoofd. Jonas strijkt zachtjes over Rosa's haar.
'Kwut! Wat een stomme twut!' zegt hij.
Rosa kijkt Jonas met betraande ogen aan. 'Zeg dat wel,' zegt ze.
'Nou,' zegt Ritsema en hij kijkt de kinderen om hem heen aan. 'Het feest is nu afgelopen, jongens. Het is toch al bijna half elf. Het is jammer dat het zo gegaan is.'
De kinderen knikken teleurgesteld.
'Stomme Sas, ze verpest alles voor ons,' moppert iemand.
'Ze verpest het vooral voor zichzelf,' zegt Ritsema.
'Zullen we helpen met opruimen, meneer?' vraagt Esther met een benepen stemmetje.
Ritsema schudt zijn hoofd. 'Nee, gaan jullie maar. Het lukt wel. Rosa, zal ik je naar huis brengen?'
Rosa schudt haar hoofd. 'Hoeft niet, meneer. Ik ga met Jonas. Het gaat best.'
De kinderen lopen met gebogen hoofden naar de gang om hun jassen te pakken.

Jonas raapt Rosa's fiets op. 'Ga jij maar achterop,' zegt hij. 'Gaat het echt wel?'
Rosa knikt. Esther en Lidwien komen met hun fiets naar hen toe gelopen. 'Hé Rosie, wat rot voor je. Ik ben me doodgeschrokken. Doet je lip erg pijn? Ik heb het gevoel dat het allemaal mijn schuld is,' zegt Esther met trillende stem.
'Ach nee, helemaal niet, Es, hoe kom je erbij?' zegt Rosa. 'Het is

niet jouw schuld. Ik had niet over haar moeder moeten beginnen, dat was stom van mij...'
Jonas schraapt zijn keel. 'Uh... Ik wilde het niet verklikken, maar volgens mij zat ze de hele tijd alcohol in haar cola te doen. Ze schonk telkens iets uit een flesje in haar glas. Daarom deed ze misschien zo raar...'
'Alcohol?' vraagt Lidwien ongelovig.
Jonas knikt. 'Volgens mij wel. Wat kon het anders zijn?'
'Nou, laten we maar gaan,' zegt Rosa. 'Ik ben hartstikke moe. Zullen we morgen bellen?'
'Oké,' knikken Lidwien en Esther. 'Slaap lekker, Roos, dag Jonas.'

Rosa zit in elkaar gedoken achterop bij Jonas. Haar lip klopt en haar hoofd doet pijn. Ze ziet Sascha's woedende, maar ook wanhopige blik steeds voor zich. Als ze bijna thuis zijn, springt ze opeens van de fiets. Jonas stapt af en draait zich om.
'Wat is er? We zijn er toch nog niet?'
'Waar zou Sascha eigenlijk heen zijn?' vraagt Rosa.
'Weet ik veel, naar haar eigen huis, denk ik.'
'Maar... maar stel je nou voor dat...'
'Dat wat?'
'Nou, dat ze iets geks gaat doen. Ze zag er zo wanhopig uit toen ze wegrende. En ze zei dat ze net zo goed dood kon zijn!'
'Maak je je ongerust om die stomme twut?' vraagt Jonas verontwaardigd.
Rosa kijkt hem aan. Jonas' brilletje glinstert in het licht van de straatlantaarn.
'Ja, eigenlijk wel. Ik heb een heel naar gevoel over haar.'
Jonas kijkt op zijn horloge. 'Tien over half elf. We hebben nog even. Woont ze ver weg? Dan gaan we kijken.'

Rosa staat voor Sascha's huis. Er brandt geen licht. Niemand doet open, hoewel ze al vijf keer hebben aangebeld.
'Zie je wel, er is iets niet goed! Er is niemand thuis.' Er klinkt paniek door in Rosa's stem.
'Waar kan ze dan zijn?' vraagt Jonas.
Rosa haalt haar schouders op. 'Ik weet het niet...'
'Het is bijna elf uur,' zegt Jonas. 'We komen te laat.'

Plotseling verheldert Rosa's blik. 'Misschien weet ik het wel...' zegt ze. 'Vroeger hadden we een geheime plek. In de bosjes bij het speeltuintje. Daar verstopten we ons altijd. Kom mee!'

Bij de speeltuin is het bijna helemaal donker, er schijnt alleen wat licht van een paar lantaarns.
'Hier zit ze toch niet,' zegt Jonas en hij rilt. 'Getver, begint het nog te regenen ook. Laten we naar huis gaan, Roos.'
'Wacht nou even. Daar in de bosjes is een hut waar we vroeger altijd speelden,' zegt Rosa. 'Ik ben er al een hele tijd niet geweest. Stil eens... Hoor je dat?'
Jonas schudt nee en duikt dieper weg in zijn jas.
'Ik ga toch even kijken. Wacht hier op me.' Rosa stopt haar wijde pijpen in haar sokken en klimt razendsnel over het hek van de speeltuin heen.
'Nee Roos... doe nou niet zo gek!' sist Jonas.
Maar Rosa is al verdwenen in de nacht.

Bolleblotebreedbek...

Het is heel donker in de bosjes. Rosa kruipt tussen de struiken door het tunneltje dat naar de hut leidt.
Stik, mijn nieuwe kleren onder de modder, denkt ze. Maar ik kan het. Ik kan het, ook al vind ik het eng. Ik ben geen verrader en ik laat haar niet in de steek.
Ze stopt. Weer dat geluid. Het klinkt als gesmoord gesnik. Als ze zich maar niet vergist! Dadelijk is het een eng beest of een dolle hond... Rosa voelt een rilling over haar rug gaan.

In de hut is het zo donker dat ze bijna niks kan zien. Maar Sas is er wel. Ze ligt opgerold in een hoekje te snikken. Rosa kruipt naar haar toe en legt een hand op haar schokkende schouders. Sascha schrikt en vliegt overeind.
'Help!' gilt ze. 'Ga weg!'
'Sas, ik ben het, Roos.'
'Mens, ik schrik me wild! Wat doe je hier? Ga weg!'
Rosa schuift geschrokken achteruit.
Voorzichtig, om geen splinters te krijgen, tast ze de plank boven de ingang af. Vroeger hing daar altijd een zaklamp.
'Donder op! Laat me met rust!' sist Sascha en ze begint weer te snikken.
Hebbes! Rosa's hand stuit op de kleine, platte zaklamp die aan een spijker hangt. Ze knipt hem aan. Tot haar verbazing doet hij het nog. Sascha zit in elkaar gedoken in een hoek en haar gezicht is rood en gezwollen van de tranen. Haar wangen zijn besmeurd met zwarte strepen van de mascara.
'Schijn niet in mijn gezicht!' roept Sascha. 'Ik wil niet dat je me zo ziet!'
Rosa kruipt een beetje dichterbij. Ze moet zich diep bukken. Vroeger konden ze makkelijk rechtop zitten in de hut. Ze doet de lamp uit.
'Hé Sas,' zegt Rosa na een tijdje, als het gesnik wat minder wordt. 'Weet je nog dat we hier altijd speelden? Lang geleden lijkt dat, hè?'

Sascha geeft geen antwoord, maar haalt hard haar neus op.
'Bolle... bolleblotebreedbekboerenbraadkikker,' zegt Rosa.
'Blotebolleboerenbreedbekbraadkikker,' fluistert Sascha.
Rosa glimlacht in het donker. Het is even stil.
'Sas, het spijt me dat ik dat van je moeder zei.'
Stilte.
'Hoe weet je dat eigenlijk?' vraagt Sascha stuurs.
'Van mijn moeder. Prittsema had het haar verteld.'
'Stomme Prittsema. Hij is thuis wezen praten, na die fik op zolder. En mijn moeder... mijn moeder was dronken. Ik schaamde me dood.' Sascha begint weer te huilen.
Rosa tast in het donker. Sascha's hand is steenkoud en verbazend klein. Ze wil hem meteen wegtrekken, maar Rosa houdt 'm stevig vast.
'Nou weet je het,' snikt Sascha. 'Ik schaam me er zo ontzettend voor...'
'Hoezo? Jij kunt er toch niks aan doen?' fluistert Rosa.
Sas begint nog harder te huilen. 'Je kunt je niet voorstellen hoe het is. Er liggen lege flessen onder haar bed en in de kleerkast. En ik moet zorgen dat er eten in huis is en haar zeggen dat ze schone kleren aan moet doen en dat ze moet douchen... en haar kots opruimen! Alsof ík haar moeder ben, in plaats van zij de mijne...' De laatste woorden zijn bijna onverstaanbaar, zo hard moet Sascha nu huilen.
'Het is niet eerlijk!' giert ze. 'Ik wil... ik wil ook een gewone familie hebben. Met een moeder die voor me zorgt. Ik moet alles alleen doen...'
Bij Rosa lopen nu ook de tranen over haar wangen. 'Sssst, stil maar,' zegt ze en ze houdt Sascha stevig vast.
'En die vriend van je moeder dan?' vraagt Rosa zachtjes als Sascha weer wat gekalmeerd is.
'Ach, die is er allang niet meer.'
'Maar hoe kan het dat niemand jullie helpt? Is er niemand die het merkt?'
'Niemand ziet het. Mijn moeder komt nauwelijks buiten. Ik doe de boodschappen. Ze ligt de hele dag maar in bed tv te kijken. Ze is best lief, maar ze kan het gewoon niet!'
'Wat vreselijk voor je, Sas,' zegt Rosa. 'Waarom heb je het me nooit verteld?'

'Dat heb ik net al gezegd. Omdat ik me ervoor schaam.'
'Dus daarom wilde je nooit meer dat ik bij jou thuis kwam. Toen we net vriendinnen waren, speelden we soms wel bij jou.'
'Toen was het ook nog niet zo erg,' zegt Sascha met een diepe, trillende zucht. 'Toen wist ik het zelf nog niet eens.'
Opeens klinkt er een raar geluid buiten. Sas schiet overeind en stoot haar hoofd tegen de ruwe planken van de hut.
'Wat is dat?' vraagt ze verschrikt.
'Het klinkt als het geluid van een dronken uil, dus het zal Jonas wel zijn,' zegt Rosa.
'Staat hij daar te wachten dan?'
'Ja, ik had allang thuis moeten zijn. Mama is vast hartstikke ongerust.'
Rosa slikt. Sascha's moeder merkt het waarschijnlijk niet eens als ze te laat thuis is.
'Ga maar gauw dan,' zegt Sascha met een klein stemmetje.
'En jij dan?'
'Nou... ik red me wel. Ik slaap hier, denk ik.'
'Tuurlijk niet, gek, je krijgt zo een longontsteking!' zegt Rosa verontwaardigd. 'Wil je met mij mee? Je kunt vast wel bij ons slapen.'
Weer klinkt buiten gefluit, nu van dichterbij.
'Ben je dan niet boos op me?' fluistert Sascha.
Rosa haalt diep adem. 'Niet meer. Ik vond het wel stom dat je begon te vechten net! Waarom deed je dat nou?'
Sascha graait in de zak van haar jas en haalt er een flesje uit. Ze draait de dop eraf en giet het leeg in de aarde. Rosa snuift.
'Wat is dat? Drank?'
'Whisky. Van mijn moeder gepikt. Zie je, ik ben al net zo erg. Als je drinkt, voel je je in het begin heel lekker en vrolijk, alsof je de hele wereld aankunt. Daarom drinkt mama denk ik ook...'
'Rosa! Roos!' klinkt Jonas' ongeruste stem. 'Waar zit je nou?'
Sascha pakt Rosa's hand en in het donker voelt ze plotseling een kus op haar wang.
'Het spijt me ontzettend, Roos. Wil je alsjeblieft, alsjeblieft mijn vriendin weer zijn?'
Rosa knikt. 'Ja,' zegt ze zachtjes. 'Tuurlijk. Ik laat je heus niet in de steek, hoor!'

Als ze achter elkaar het tunneltje doorkruipen, fluistert Sascha: 'Leuke jongen trouwens, die Jonas!'
'Sas! Jongensgek die je bent!' sist Rosa lachend.

Jonas de Leeuw

Van:	Rosa van Dijk <rosa_vandijk@hotmail.com>
Aan:	Jonas de Leeuw <jdl@xs22.nl>
Verzonden:	12 november 19.20
Onderwerp:	P-nieuws wordt V-nieuws

Lieve Joon,

Het is raar om je weer te schrijven.
Ik vond het hartstikke fijn dat je er was. En ik vond het vooral gaaf dat we met zijn drieën bij papa zijn gaan logeren. Papa's vriendin was best leuk, hè? Ze heeft me een e-mail gestuurd, met zo'n bewegende ansichtkaart met muziek.
Sascha vond het ook heel leuk in Eindhoven. Het gaat nu een stuk beter met haar. Haar moeder zit in een soort afkickcentrum, hier in Den Bosch, en Sas gaat elke middag even bij haar op bezoek. Ik ben ook een keer mee geweest. Volgens mij gaat het goed met haar. Over drie weken of zo mag ze weer naar huis.
En raad eens?
Intussen logeert Sascha bij ons! Dat hebben mama en Alexander en Prittsema samen geregeld toen wij weg waren. Het is hartstikke gezellig zo. Het lijkt net alsof ik een zusje heb.
Sas heeft inmiddels geen blauw haar meer, maar oranje! Lachen, joh! Mijn moeder zegt dat ze in Londen en New York er allemaal zo bijlopen. Maar ik mag het niet! (Ik wil het ook niet, hoor, ik deed net alsof, om mama op de kast te jagen.) En Sas' tongpiercing is er ook uit. Ze zei dat het helemaal niet lekker zoende en dat 't hartstikke lastig was met eten.
Sas vond jou heel leuk. Volgens mij is ze op je. Ben jij op haar?

Toedeloei van Rosa

P.S. Nog een geweldig nieuwtje. Sinds de kleren van Esthers moeder in het tijdschrift staan, wordt ze de hele tijd opgebeld! Waarschijnlijk gaat ze zelf een winkeltje beginnen met haar eigen kleren! Ze verkoopt hartstikke veel, en Lidwiens moeder en nog iemand anders helpen haar. En ze heeft ook een merknaam bedacht voor de kleren.
ROSIE!
Haha. Gaaf, hè? En Esther heeft lenzen gekregen!

P.P.S. Ik heb al een hele tijd geen survivaltips meer gedaan.
Misschien is het nu niet meer nodig om te survivallen.
Jij weet nu alles al van de brugklas. Alhoewel ik niet denk dat het er in elke brugklas zo aan toegaat! Je bent een echte P-specialist.
P-nieuws doen we trouwens ook niet meer, bedenk ik nu.
Ik heb een idee! Zullen we het veranderen in V-nieuws? De V van vriendschap? V van Vrolijk. V van Vet. V van Vantastisch!

P.P.P.S. V-nieuws:
Sas heeft vriendschap gesloten met Esther! Maar ze noemt haar nog steeds voor de grap Jampotje, ook al heeft ze geen bril meer. Esther noemt haar Punkie!

Rosa van Dijk

Van:	Jonas de Leeuw <jdl@xs22.nl>
Aan:	Rosa van Dijk <rosa_vandijk@hotmail.com>
Verzonden:	12 november 21.06
Onderwerp:	V-bericht

Lieve Roos,

Nee, natuurlijk ben ik niet op Sascha.
Ik vind jou veel leuker.
Maar dat durfde ik niet tegen je te zeggen toen ik bij je was.

Ik dacht dat je mij veel te kinderachtig vond, omdat ik nog maar in groep acht zit.
Op het station toen ik wegging, wilde ik je een zoen geven. Maar ja, Sascha was erbij.
Wil je met mij verkering hebben, Roos? Het is wel internetverkering, hoor!
Groetjes,

Jonas

Jonas de Leeuw

Van: Rosa van Dijk <rosa_vandijk@hotmail.com>
Aan: Jonas de Leeuw <jdl@xs22.nl>
Verzonden: 12 november 21.19
Onderwerp: P-nieuws wordt V-nieuws

V-nieuws: (de V van verliefd ook!)
Dat is gek. Ik wilde jou ook een kus geven, maar ik durfde het ook niet.
Ik vind jou helemaal niet kinderachtig. Het gaat toch niet om leeftijd! Het gaat erom dat je je fijn voelt bij elkaar. Nu ben je mijn beste vriendin en mijn beste vriend! Jippie! Internetverkering, gaafvetwreedheftigfijn! Meel gauw terug!

Veel liefs van Rosa

Francine Oomen is geboren op 27 maart 1960 in Laren, als oudste van vijf kinderen. Na de middelbare school en de Design Academy in Eindhoven werkte ze als zelfstandig industrieel ontwerper, en ontwikkelde ze onder andere nieuwe soorten baby- en kleuterboeken. In 1990 verscheen Francines eerste boek, *Saartje en Tommie op de boerderij*, voor kleuters. Later ging ze boeken voor oudere lezers schrijven. Francines grote doorbraak kwam met de *Hoe overleef ik...*-serie. De boeken vielen vaak in de prijzen bij kinderjury's. Naast de boeken zijn er ook *Hoe overleef ik...*-spellen, *Hoe overleef ik...*-schoolartikelen en T-shirts. Van *Hoe overleef ik mezelf?* is een film gemaakt, en er is een *Hoe overleef ik...*-tijdschrift!

Over de vriendin van Rosa, Esther, zijn er ook twee boeken: *Ezzie's dagboek* en *Ezzie's wereld*.
In 2003 schreef Francine het Kinderboekenweekgeschenk: *Het Zwanenmeer (maar dan anders)*, het eerste deel van de Sam, Beer en Pip-trilogie. *Het boek van Beer* is deel twee. En er zijn inmiddels ook al vier boeken over Lena Lijstje.

Meer informatie over de *Hoe overleef ik...*-boeken vind je op www.hoeoverleefik.nl.